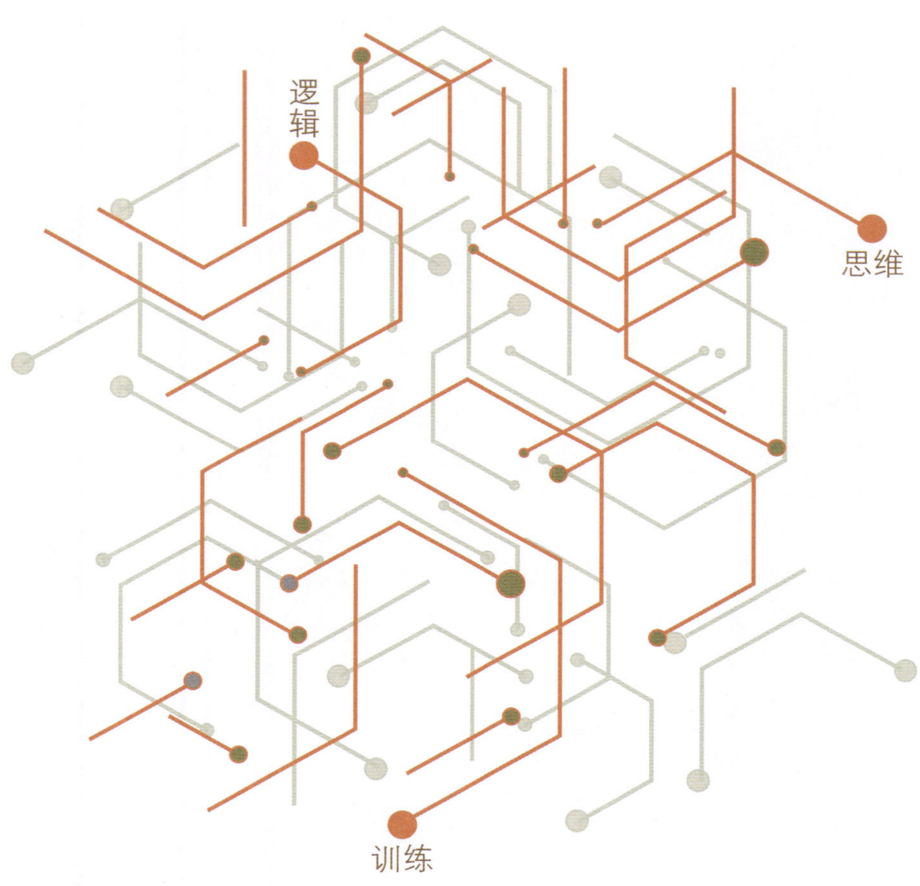
逻辑
思维
训练

创新创业系列教材

逻辑思维训练

主　编

赵秀华　赵庆樱

副主编

王钱静　刘录松　和凤英　张榆进

参　编

杨晓辉　李光琼　王丽梅　攸志鸿
李丽红　李洪英　杨润枫　朱少君

云南出版集团
云南人民出版社

图书在版编目（CIP）数据

逻辑思维训练 / 赵秀华，赵庆樱主编．-- 昆明：云南人民出版社，2020.11（2021.11 重印）
创新创业系列教材
ISBN 978-7-222-19574-5

Ⅰ．①逻… Ⅱ．①赵… ②赵… Ⅲ．①逻辑思维－思维训练－高等职业教育－教材 Ⅳ．① B812.2

中国版本图书馆 CIP 数据核字 (2020) 第 216330 号

出 品 人：赵石定
组稿统筹：冯 琰
责任编辑：冯 琰
助理编辑：谢筑娟
责任校对：胡元青
装帧设计：张益珲
责任印制：马文杰

逻辑思维训练
LUOJI SIWEI XUNLIAN

主　编　赵秀华　赵庆樱
副主编　王钱静　刘录松　和凤英　张榆进
参　编　杨晓辉　李光琼　王丽梅　攸志鸿
　　　　李丽红　李洪英　杨润枫　朱少君

出版　云南出版集团　云南人民出版社
发行　云南人民出版社
社址　昆明市环城西路 609 号
邮编　650034
网址　www.ynpph.com.cn
E-mail　ynrms@sina.com
开本　787mm × 1092mm　1/16
印张　8.75
字数　90 千
版次　2020 年 11 月第 1 版
　　　2021 年 11 月第 2 次印刷
印刷　昆明理煜印务有限公司
书号　ISBN 978-7-222-19574-5
定价　33.00 元

云南人民出版社微信公众号

如需购买图书、反馈意见，请与我社联系
总编室：0871-64109126　发行部：0871-64108507　审校部：0871-64164626　印制部：0871-64191534

前　言

培养高素质的技术技能人才，是高职教育的人才培养目标。逻辑思维是理性思维、创新思维的重要基础，具有较强的逻辑思维能力是高素质的重要体现。掌握一定的逻辑学基本原理和方法，具备一定的逻辑思维能力，对于我们在日常生活、学习、工作中分析思考问题、解决问题以及语言表达、辩论、写作等综合素质的提高也会带来很大的帮助。

本教材通过介绍形式逻辑学中的基本、常用知识，使学生能用所学知识解决相关问题，通过逻辑思维训练，以期培养学生的逻辑思维能力，提高学生分析思考问题、解决问题的能力，提升综合素质和文化素养。同时，教材在选材上注重所引用材料的文化内涵，不仅具有逻辑性，而且具有知识性、趣味性和可读性，对提高学生的综合文化素养有一定的帮助。

本教材在注重内容逻辑严谨性的同时，也兼顾通俗易懂，引用的案例、故事耳熟能详。实战模块中的问题能结合学生的生活、学习实际，具有较强的针对性和实用性，可作为中、高职院校学生的学习用书和逻辑爱好者的通俗读物，也可以作为参加MPA专业学位、公务员考试和其他相关考试的参考用书。

由于水平所限，教材中难免有不当之处，敬请读者和师生不吝指正，以便进一步完善。

编　者

2020年5月

目　　录

项目一　概念思维

【学习目标】

- 了解形式逻辑学的基本概况和基本思维形式。
- 熟悉概念思维的特征和相关知识。
- 能用概念思维的方法分析、解决一些实际问题，提高逻辑思维能力。

模块一　自学空间

主要内容：思维形式、概念、概念的内涵和外延、概念的划分、概念间的关系

自学途径：查阅相关书籍或通过相关网络平台学习

自学笔记

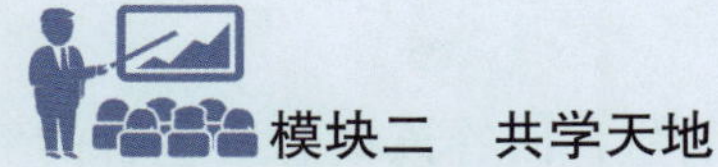

模块二　共学天地

案例 1　小气鬼做帽子

塞万提斯（1547. 9. 29—1616. 4. 23）是文艺复兴时期西班牙小说家、剧作家、诗人。他被誉为西班牙文学世界里最伟大的作家。他所著《唐·吉诃德》被评论家们称为文学史上的第一部现代小说，同时也是世界文学的瑰宝之一。

小说中有这样一段情节，大意如下：

桑丘总督在任时，遇到这样一个案件：有个小气鬼拿了一块布去请一个裁缝做一顶帽子。小气鬼问布够不够，裁缝量了布之后说：布够了。但是，这个小气鬼疑心裁缝要赚他的布，于是，他就问这块布够不够做两顶帽子。裁缝看透了他的心思，就回答说：够做。小气鬼还不罢休，又问够不够做三顶帽子。一直加到五顶，裁缝总说能够做。就这样，他们谈妥这块布做五顶帽子。

等到约定取帽子的那一天，小气鬼到了裁缝店。他看到裁缝拿出做好的五顶帽子，小得只能套在手上。小气鬼发现自己上了当，于是就到桑丘总督那里告裁缝的状。

在法庭上，原告小气鬼坚持要裁缝赔他的布，而被告裁缝却坚持要小气鬼付工钱。桑丘总督听了两人的陈述之后，作了这样的判决：裁缝不准要工钱，小气鬼也不准要布，做好的帽子充公。

请你用逻辑学的相关知识分析为什么裁缝与小气鬼发生争吵。你认为桑丘总督的裁决是否合理？如果你是法官，如何进行裁决？

本案例涉及逻辑学中“概念”思维的相关知识，下面我们来共同学习。

知识点一　形式逻辑相关知识

●**形式逻辑：**形式逻辑是关于思维形式及其规律和某些简单逻辑方法的科学。

●**思维形式：**形式逻辑的思维形式主要有概念、判断（命题）、推理。概念构成判断（命题），判断（命题）组成推理。

●**逻辑基本规律：**同一律、矛盾律、排中律、充足理由律。

●**简单逻辑方法：**证明、反驳等。

知识点二　概念的内涵与外延

●**概念：**概念是思维的基本形式，是反映（揭示）对象本质属性的思维形式，也是最基本的思维形式。内涵与外延是概念的重要特征。

●**内涵：**内涵是概念所反映对象的本质属性或特有属性，是概念的质，回答该概念是什么。

●**外延：**外延是概念所反映对象的总和或范围，是概念的量，回答该概念所包含的数量。

知识点三　概念的定义与划分

●**概念的定义：**定义就是揭示概念的内涵，即揭示概念所反映事物的特有（本质）属性的逻辑方法。

●**概念的划分：**概念的划分就是根据一定的标准（属性）把概念所反映的对象分成若干小类，来揭示这个概念外延的逻辑方法。

概念的内涵与外延分别体现了概念的定义和概念的划分（分类）。如“生物”的定义：生物是自然界中所有具有生长、发育、繁殖能力的物体。这个定义揭示了生物是具有生命特征的物体的本质属性（内涵）。生物的外延：生物包括动物、植物、微生物。又如：商品是用来交换的劳动产品。其本质属性（内涵）一是劳动产品，二是用来交换。根据这个定义，商品的外延就是所有用来交换的劳动产品，按照不同的标准（属性），就可以对商品进行划分（分类）。

在进行概念的划分时，要求每次划分要按同一标准。不同的标准，同一个概念可能有不同的划分。如“三角形”按角的属性，可分为锐角三角形、直角三角形、钝角三角形。按边的属性，可分为等边三角形和不等边三角形。此外，要求划分后的子项的外延必须互不相容，否则会犯并列不当的逻辑错误。

知识点四　概念间的关系

类似于数学中两个集合之间的关系，两个概念 A、B 之间也有五种关系：全同关系、真包含于关系（A⊂B）、真包含关系（A⊃B）、交叉关系、全异关系。这五种关系反映了两个概念外延之间相互状况。可用欧拉图表示如下：

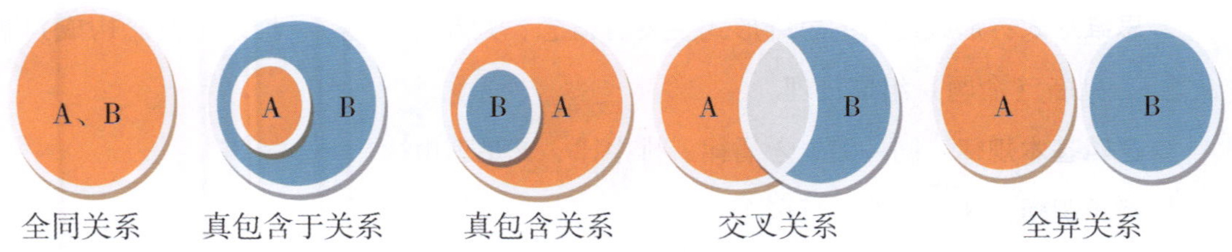

图 1－1　概念之间的五种关系

全同关系（同一关系）：A 与 B 为全同关系，是指外延完全重合的两个概念 A、B 间的关系。意味着“所有的 A 都是 B，同时所有的 B 都是 A”。如“中华人民共和国首都”

与“北京”是全同关系。当两个概念的内涵也相同时，两个概念就是同一关系。如“土豆”与“马铃薯”、“ 番茄”与“西红柿”。

真包含于关系：A 真包含于 B，是指概念 A 的全部外延都包含在概念 B 的外延中。意味着“所有的 A 都是 B，有的 B 不是 A”。如“大学生”真包含于“学生”。

真包含关系：A 真包含 B，是指概念 A 的外延覆盖了概念 B 的全部外延。意味着“所有的 B 都是 A，有些 A 不是 B”，如“学生”真包含“大学生”。

真包含于关系和真包含关系显然是相对的，A 真包含于 B，同时意味着 B 真包含 A。具有包含关系的两个概念之间为属种关系，包含的概念为属概念，被包含的概念为种概念。

交叉关系：指具有一部分共同外延的两个概念。如“大学生”与“党员”是交叉关系。

全异关系：指两个概念的外延互相排斥。分为矛盾关系和对立关系。

矛盾关系：A、B 两个概念之间是全异的，没有共同外延，但不会出现第三种可能，即 A + B = C（种概念 A、B 的外延之和等于属概念 C 的外延），A、B 非此即彼（见图 1－2）。如概念“固体”和“非固体”属于矛盾关系。两个概念是全异，对于所有物体的形态而言非此即彼，没有另外的形态，即两者外延之和就是“物态”的外延。

又如“成年人”与“非成年人”、“中国人”与“外国人”、“唯物主义”与“唯心主义”等非此即彼的两个概念之间都属于矛盾关系。

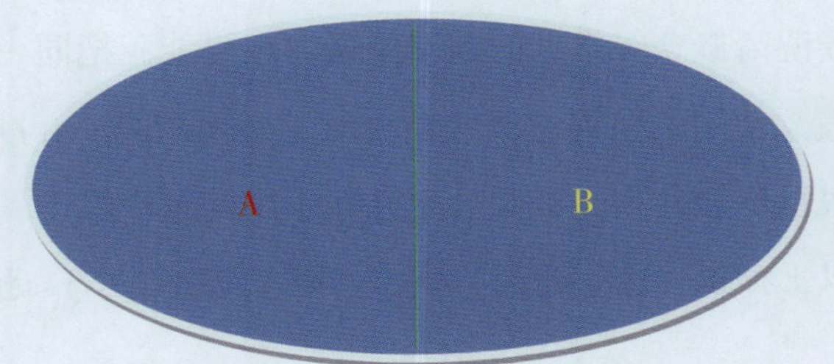

图 1－2　矛盾关系的两个概念

对立关系：A、B 两个概念之间也是全异的，没有共同外延，但还会出现另外可能，即 A + B < C（种概念 A、B 的外延之和小于属概念 C 的外延），A、B 并非非此即彼（见图 1－3）。如“固体”和“气体”属于对立关系，两个概念也是全异的，但对于物体的形态而言，显然两者之间还存在其他形态，即两个种概念的外延之和小于属概念“物态”的外延（见图 1－3）。

又如：“成年人”与“少年人”、“红色”与“绿色”、“中学生”与“大学生”、“亚洲”与“非洲”等都属于对立关系。

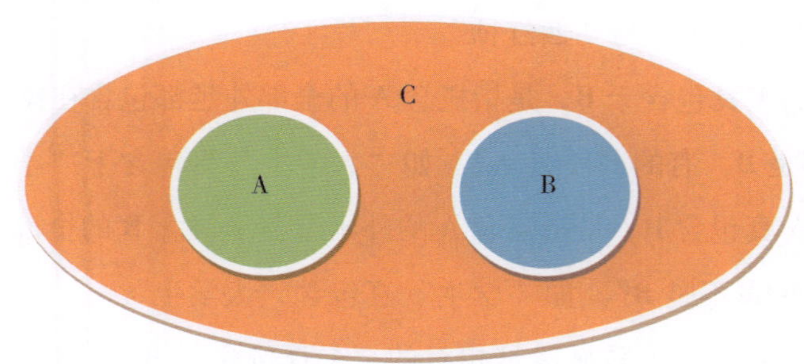

图 1－3　对立关系的两个概念

知识点五　集合概念和非集合概念

集合概念和非集合概念： 集合概念与非集合概念是概念的一种分类方法，在概念思维中会经常涉及。

集合概念： 以事物的集合体为反映对象的概念。例如：舰队、森林、人类、群岛、太阳系。

非集合概念： 以非集合体（某一具体的个体）为反映对象的概念。例如：军舰、树木、人、岛屿、太阳。

知识点六　概念思维及推理的基本要求

在概念思维及推理中，需要准确把握概念的内涵，明晰概念的外延，区分貌似同一概念的两个概念的区别，区分集合概念和非集合概念。违反概念思维及推理的相关要求，就会犯偷换概念、模糊或混淆概念等常见的逻辑错误，也可能犯把同一个概念（同一关系的两个概念）当作不同概念使用的错误。概念划分时，必须用同一标准。具有包含关系、交叉关系的两个概念一般也不能并列，否则会犯并列不当的逻辑错误。

小组讨论：根据以上知识，分小组对案例 1《小气鬼做帽子》进行分析。

你的分析： ………………………………………………………………

………………………………………………………………………………

………………………………………………………………………………

………………………………………………………………………………

………………………………………………………………………………

………………………………………………………………………………

………………………………………………………………………………

………………………………………………………………………………

模块三　实战演练

通过学习，请你用所学逻辑学的相关知识分析、解决以下问题。

1. 算卦的秘密。

有这样一则故事：从前，有三个秀才结伴进京赶考。路遇一位自称神机妙算的算命先生，号称“半仙”。三人便一同前去求教，问道：“先生，请问这次我们能考中几个?”

得知三个秀才的来意，“半仙”双目紧闭，装模作样地掐算起来。片刻之后，伸出一根手指头表示答复。三位秀才不解其意，请求解释。“半仙”却摇摇头道：“天机不可泄露，日后你们便会知晓。”三人无奈，只好满怀疑惑地离开。

后来，三个秀才中只有一人考中。考中的秀才觉得当初的“半仙”果然神机妙算，便特地前来酬谢，并赞道：“先生果然料事如神，确实名不虚传。”

请你分析一下算命先生为什么能神机妙算。如果你是赶考的“秀才”，你会相信“半仙”真的“料事如神”吗?

解析：……

2. 下岗职工曾经是人们经常讨论的一个热门话题，但也常常弄不清“下岗职工”的准确定义。国家统计局〔1997〕261号统计报表填表说明中对“下岗职工”的说明是：下岗职工是指由于企业的生产和经营状况等原因，已经离开本人的生产和工作岗位，并已不在用人单位从事其他工作，但仍然保留与该用人单位的劳动关系的人员。

按照以上定义标准，以下哪项所述的人员可以称为下岗职工?

A. 赵一原来在汽车制造厂工作，半年前辞去工作，开了一个汽车修理店。

B. 钱二原来是某公司的办公室秘书。最近，公司以经营困难为由解除了她的工作合同，她只能在家做家务。

C. 张三原来在机电厂工作，因长期患病不能工作，经批准提前办理了退休手续。

D. 李四原来在某服装厂工作，长期请病假。其实他的身体并不坏，目前在家里开了个缝纫部。

E. 王五原来在电视机厂工作，今年53岁。去年因工厂产品积压，人员富余，让50岁以上的回家休息，等55岁时再办理正式退休手续。

解析：

3. 在中学语文课文中，我们学习过鲁迅的小说《孔乙己》。小说中有这样一个情节：

孔乙己一到店，所有喝酒的人便都看着他笑，有的叫道，“孔乙己，你脸上又添上新伤疤了！”他不回答，对柜里说，“温两碗酒，要一碟茴香豆。”便排出九文大钱。他们又故意的高声嚷道，“你一定又偷了人家的东西了！”

孔乙己睁大眼睛说，“你怎么这样凭空污人清白……”“什么清白？我前天亲眼见你偷了何家的书，吊着打。”孔乙己便涨红了脸，额上的青筋条条绽出，争辩道，“窃书不能算偷……窃书！……读书人的事，能算偷么？”接连便是难懂的话，什么“君子固穷”，什么“者乎”之类，引得众人都哄笑起来：店内外充满了快活的空气（摘自人教版《语文》七年级下册）。

孔乙己迂腐、顽固、麻木的形象跃然纸上。当别人说孔乙己偷了东西时，孔乙己作了“窃书不能算偷”的辩解。你认为孔乙己的辩解犯了什么逻辑错误？

解析：

4. 分析下面陈述的逻辑错误：

（1）我很喜欢外国的文学作品，英国的、法国的、古典的，我都爱读。

解析：

(2) 我们班的同学来自昆明、呈贡、石林、大理、丽江、西双版纳、景洪、迪庆、香格里拉等全省各地。

解析：

5. 根据男婴出生率，甲和乙展开了辩论：

甲：人口统计发现一条规律：在新生婴儿中，男婴的出生率总是摆动于22/43这个数值，而不是1/2。

乙：不对，许多资料都表明，多数国家和地区，例如前苏联国家、日本、美国、德国以及我国的台湾地区都是女人比男人多。可见，认为男婴的出生率总是在22/43上下波动是不成立的。

试分析甲和乙的对话，指出下列选项哪一个能说明甲或乙的逻辑错误：

A. 甲所说的统计规律不存在。

B. 甲的统计调查不符合科学。

C. 乙的统计资料不可信。

D. 乙混淆了概念。

解析：

6. 某航空公司为了增加效益，吸引更多的乘客，决定有条件地将票价下调，条件是：享受优惠票价者必须恰好提前航程两天订票。有人认为该公司的这一决策是有失周全的，因为航班乘客很多是因公出差，他们本来可以支付全额票价，现在却支付优惠票价，从而减少了航空公司的收入。

以下各判断如果都是真的，则哪一项最有力地减弱了上述论证？

A. 统计数据表明，在航运旅客中，因公出差者占航运总数的40%以下。

B. 因公出差者必须提前两天以上安排出差事宜，包括订票。

C. 在航运旅客中，因公出差者，无论在绝对量还是相对比上，都有下降趋势。

D. 因公出差者并非全都不在乎票价的高低。

E. 因公出差者很多是回头客，有些是常年的固定客户。

解析：

7. 小李在自家护栏边的公共绿化地上种上了蔬菜。小区物业管理人员发现后，提醒小李：护栏边的绿化地是公共绿地，属于小区的所有业主。物业为此下发了整改通知书，要求小李限期恢复绿化地。小李对此辩称："我难道不是小区的业主吗？护栏边的绿化地既然属于小区的所有业主，当然也属于我。因此，我有权在自己的土地上种蔬菜。"

以下哪项论证，和小李的错误最为相似？

A. 所有人都要对他的错误行为负责，小张没有对他的这次行为负责，所以小张的这次行为没有错误。

B. 所有参展的兰花在这次博览会上被订购一空，小赵花大价钱买了一盆花，由此可见，小赵买的必定是兰花。

C. 没有人能够一天读完大仲马的所有作品，没有人能够一天读完《三个火枪手》，因此，《三个火枪手》是大仲马的作品之一。

D. 所有莫尔碧骑士组成的军队在当时的欧洲是不可战胜的，翼雅王是莫尔碧骑士之一，所以翼雅王在当时的欧洲是不可战胜的。

E. 任何一个人都不可能掌握当今世界的所有知识，地心说不是当今世界的知识，因此，有些人可以掌握地心说。

解析：

8. 在美国出生的正常婴儿在3个月大时平均体重为12～14磅。因此，如果一个3个月大的小孩体重只有10磅，那么他的体重增长低于美国平均水平。

以下哪一项指出了上项推理中的一处缺陷？

A. 体重只是正常婴儿成长的一项指标。

B. 一些3个月大的小孩体重有17磅。

C. 一个正常的小孩出生时体重达到了10磅是有可能的。

D. 平均体重增长同平均体重并不相同

解析：

9. 某计算机经销商向顾客承诺售后服务：“如果不是因使用不当造成的故障，本店销售的计算机在一个月内包换，一年内免费保修，三年内上门服务免收劳务费。”

以下哪项所陈述的是该经销商最有可能提供的售后服务？

A. 张三购买了一台计算机，三个月后硬盘出现问题，要求经销商修理，销售商给免费更换了硬盘。

B. 李四购买了一台计算机，不小心感染了计算机病毒，造成存储的文件丢失，要求经销商赔偿损失。

C. 王五购买了一台计算机，一年后键盘出现故障，要求经销商按半价更换一个新键盘。

D. 某单位购买了 30 台计算机，50 天后才开箱安装。在安装时发现有一台显示器故障不能打开，要求更换。

E. 某学校购买了 50 台计算机，没到一个月，计算机的鼠标丢失了 5 个，要求经销商无偿补齐。

解析：

10. 根据学校有关部门最近做的一次调查，统计结果表明，学生中喜欢和比较喜欢书法艺术的只占被调查人数的 10%。由此我们认为，目前学生普遍不太喜欢中国的传统文化。

下列陈述中的哪一项最能削弱上述观点?

A. 学生缺少对书法艺术方面的指导，不懂得怎样去学习和欣赏。

B. 喜欢书法艺术与喜欢中国传统文化不是一回事。

C. 10% 的比例正说明培养大学生对传统文化的兴趣大有潜力可挖。

D. 有一些学生既喜欢书法，又对中国传统文化的其他方面有兴趣。

解析：

11. 李先生买了一块手表。他把新买到的手表与家中的挂钟对照，发现手表比挂钟一天慢了一分钟。之后他又把家中的挂钟与电台的标准时间对照，发现挂钟比标准时间一天快了一分钟。李先生由此推断，他的手表走时是准确的。

以下哪项是对李先生推断最恰当的评价？

A. 李先生的推断是正确的，因为手表比挂钟慢了一分钟，挂钟比标准时间快了一分钟，说明手表走时是准确的。

B. 李先生的推断是正确的，因为他的手表是新买的。

C. 李先生的推断是错误的，因为挂钟比标准时间快一分钟，是标准的一分钟，手表比挂钟慢一分钟，是不标准的一分钟。

D. 李先生的推断既无法确定正确，也无法断定为错误。

解析：

12. 某公司招聘应届毕业生，招聘广告中这样写道："根据业务需要，本公司诚聘技术人员一名。……公司人均月工资不低于5000元。"张某去应聘，幸运地被录取了。但他第一个月拿到的正常工资只有3500元。他认为该公司的招聘广告说谎，事实上该公司的广告并没有说谎。

以下哪项最能合理解释上述事实？

A. 公司本月效益不太好。

B. 公司领导对张某的工作不太满意。

C. 他与公司的经理关系不太好。

D. 公司管理层人员的月工资普遍不低于8500元，而普通技术人员的月工资不超过3500元。

解析：

13. 许多商家为了推销产品，经常通过“买一赠一”的促销手段来吸引消费者，事实上许多消费者购买商品后得到的赠品并非是自己所期望的。

以下哪项最能说明商家这种推销方式的实质？

A. 商家最喜欢这种营销方式。

B. 消费者最喜欢这种方式。

C. 这是一种亏本的营销方式。

D. 这是一种特殊商品的营销方式。

E. 这是一种偷换概念的营销方式。

解析：

14. 在一次实训课上，需分组完成实训任务。现知道某小组的人员构成情况为：一个同学来自丽江，两个同学来自滇西北，一个同学来自曲靖，两个同学只负责记录，三个同学只负责操作。

如果以上信息涉及该小组所有人，那么这个小组最少可能是几个人？最多可能是几个人？

A. 最少可能是三人，最多可能是八人。

B. 最少可能是五人，最多可能是八人。

C. 最少可能是五人，最多可能是九人。

D. 最少可能是三人，最多可能是九人。

解析：

15. 日出日落，春去秋来，寒来暑往，循环往复。社会是发展的，生物是进化的，都反映了不以人的意志为转移的客观规律。小张对此不以为然。他认为，有的规律是可以改造的。人能改造一切，当然也能改造某些客观规律。比如价值规律不是乖乖地为精明的经营者服务了吗？人们不是把肆虐的洪水制住而变害为利了吗？

以下哪项最为确切地揭示了小张上述议论中的错误？

A. 他过高地估计了人的力量。

B. 他认为“人能改造一切”是武断的。

C. 他混淆了“运用”与“改造”这两个概念。

D. 洪水并没有都被彻底制服。

E. 价值规律若被改造就不叫价值规律了。

解析：

模块四　故事阅读

一场关于进化论的争论

在科学史上，曾发生过这样一件事。

1859 年，达尔文出版了《物种起源》。从此，进化论就传播开来了。当时，英国的教会觉得这是个极大的威胁，因此，于1860年6月28日至30日在牛津召开了一次著名的会议。大主教威尔勃福斯也亲自上阵。反对达尔文学说的人都期望这位在当时被认为最聪明、最有辩才的主教来驳倒进化论。而站在保卫达尔文学说最前列的是35岁的年轻教授赫胥黎。会议快结束时，威尔勃福斯大主教做了长篇演说，他的演说暴露了他对达尔文学说的茫然无知。后来，大主教撇开了科学的论据，施展了浅薄无聊的人身攻击。他说：

“赫胥黎教授就坐在我旁边，他是想等我一坐下就把我撕成碎片，因为照他的信仰，人是由猿变的嘛！不过，我倒要问问：这个猴子子孙的资格，到底是从祖母那里得来的，还是从祖父那里得来的呢?”

听罢大主教的演说，赫胥黎紧接着站了起来。他冷静、坚定、沉着、严峻地宣称：达尔文学说是对自然史现象的一个解释，达尔文的书充满着大量可以证明生物进化的事实，没有别的学说比达尔文的解释更合理了。最后，为了科学的尊严，他对威尔勃福斯的人身攻击做了必要的回击，他指出：

“我断言——我重复地断言，要说我起源于弯腰走路和智力不发达的可怜的动物，我并不觉得羞耻；要说我起源于那些自称很有才华、社会地位很高却胡乱干涉自己所茫然无知的事物、任意抹杀真理的人，那才真正可耻!”

赫胥黎的这几句话，像一颗炸弹震动了全场。拥护达尔文学说的大学生报以暴风雨般的掌声，威尔勃福斯大主教哑口无言，狼狈不堪。卑劣的人身攻击并没有给宗教以任何帮助，经过这一场论战，达尔文主义倒是真正站稳了脚跟。

本故事涉及逻辑学中集合概念与非集合概念的问题。除了进行人身攻击之外，还在于大主教威尔勃福斯的逻辑错误，他故意把在集合意义下使用的概念，当作在非集合意义下的概念来使用。

根据达尔文的进化论，“人是由猿变的”。这里说的“人”不是指某一个具体的个人，这里说的“猿”也不是指某一个个别的猿。生物进化的质变，是十分漫长的过程，从猿到人，绝非一两代之功。因此，不能说某一个具体的人是由某一个猿变来的。“人是由猿变的”这个判断的正确含义，是指人类从总体上说，是由猿进化来的。在这里，“人”和“猿”都是集合意义下使用的概念。赫胥黎、赫胥黎的祖父祖母作为具体的“人”，都是非集合概念。威尔勃福斯大主教由“人是由猿变的”这个正确的前提，得出“赫胥黎是从猴子变的”的结论，把集合意义下的概念当作非集合意义的概念使用，并借以谩骂赫胥黎的祖母或祖父是猴子，属于偷换或混淆了概念，只能认为是有意地玩弄逻辑诡辩。

模块五　课后反思

学习体会

评价内容	评价人	成　绩				
		优秀	良好	中等	及格	不及格
自我学习	自评					
团队学习	组长					
课堂表现	教师					
实战演练	教师					
综　　合	教师					

项目二　命题思维

任务一　直言命题思维

【学习目标】

- 了解什么是直言命题。
- 熟悉四种同质直言命题的基本形式和对当关系。
- 能利用对当关系进行简单逻辑思维和推理。

模块一　自学空间

主要内容：命题、直言命题、直言命题对当关系、概念和命题的周延性，直言命题推理规则

自学途径：查阅相关书籍或通过相关网络平台学习

自学笔记

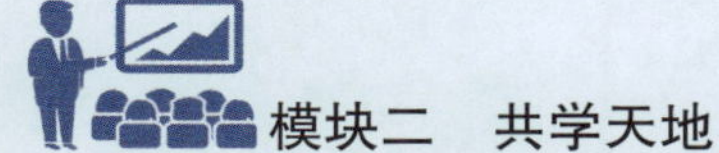

模块二　共学天地

案例 2.1　马克·吐温的声明

19 世纪 70 年代，美国著名讽刺小说家马克·吐温和邻居、作家查尔斯·沃纳合写了一部长篇小说《镀金时代》。该小说社会影响深远，以至于从南北战争结束到 20 世纪初叶的美国历史时期也就被定名为“镀金时代”。小说深刻揭露了投机商、企业家和政客们串通一气掠夺国家和人民财富的黑幕。因此，小说在 1874 年一经问世，便在社会上引起了强烈反响，许多媒体争相采访马克·吐温。在一次酒会上，有记者问道：“马克·吐温先生，大家都很想知道《镀金时代》究竟有多大的真实性？国会议员们真的如同您书中所描写的那样卑鄙无耻吗？”马克·吐温回答道：“这么说吧——美国国会中的有些议员就是狗娘养的！”这句话立刻在第二天被刊登在各大报纸的头版上。如此一来，美国国会的许多议员十分愤怒，他们纷纷公开指责马克·吐温说话不负责任且粗鲁无礼，要求他在报纸上公开道歉。马克·吐温开始时并未予以理会，后来迫于各方的压力，不得不决定在《纽约时报》上刊登道歉声明。不过，这位幽默讽刺大家的道歉声明很有意思，他是这样写的：“前几日，在一次酒会上，面对记者的提问，我曾经说过这样一句话：‘美国国会中的有些议员是狗娘养的’，这句话惹怒了许多人，这些人一直在要求我道歉，我经过考虑后，觉得这句话的确有不妥之处，因此今天特意刊登道歉声明。下面，我将我原先所说的那句话修改如下：美国国会中的有些议员不是狗娘养的，幸祈见谅！”

这个道歉声明登出后，令那些国会议员们哭笑不得，广大读者看后也忍俊不禁。事实上马克·吐温的道歉声明不仅让那些国会议员们没讨到便宜，而且等于是用同样方式被公开骂了一次。

你知道这是为什么吗？你能从逻辑学的角度分析一下马克·吐温所谓“道歉”的巧妙表达方式吗？马克·吐温是否真的做了“道歉”而改变了自己的观点？

这个案例涉及逻辑学中直言命题的结构和命题的真假问题，下面我们一起学习一些相关知识。

知识点一　命题的分类

命题又称为判断，是在概念思维的基础上，对事物对象有所断定的思维形式。命题通常分为直言命题（又叫简单命题）和复合命题、模态命题等。常见的复合命题有假言命题、联言命题、选言命题、关系命题等。本书主要介绍直言命题和常用的一些复合命题。

知识点二　直言命题

直言命题又叫性质命题、简单命题。它是断定事物具有或不具有某种性质的命题，例如：

（1）我们班所有的学生都是云南人。

（2）所有三角形都不是四边形。

（3）有些共产党员是学生。

（4）有的植物不开花。

知识点三　直言命题的结构

任何一个直言命题都由主项、谓项、联项和量项四个部分组成。可表示为：量项 + 主项 + 联项 + 谓项

主项：主项是表示直言命题所断定的对象的概念。如，例（1）中的“（我们班的）学生”、例（2）中的“三角形”、例（3）中的“共产党员”、例（4）中的“植物”，都是直言命题的主项，通常记为“S”。

谓项：谓项是表示在直言命题中所断定对象具有或不具有的性质的概念。如，例（1）中的“云南人”、例（2）中的“四边形”、例（3）中的“学生”、例（4）中的“开花（植物）”，都是直言命题的谓项，通常记为“P”。

联项：联项是表示直言命题中主项和谓项之间性质关系的概念。如，例（1）、例（3）中的“是”、例（2）中的“不是”、例（4）中的“不”［省略了“是”，例（4）所完整表达的意思是“有些植物不是开花的植物”］，都是直言命题的联项。联项可分为肯定联项和否定联项两种。直言命题的联项又称为直言命题的质。

量项：量项是表示直言命题中主项数量的概念。如，例（1）、例（2）中的“所有”、例（3）、例（4）中的“有些”、“有的”，都是直言命题中的量项。一般情况下，量项都位于直言命题的主项之前。量项有三种情况：全称、特称和单称。其中主项和谓项表示具体的对象或对象的属性，在命题形式中为变项；量项表示主项的数量情况，联项连结主项和谓项，它们是有固定含义的常项，因此，直言命题的特征和性质取决于量项和联项。

知识点四　直言命题的四种形式

直言命题有四种：全称肯定命题、全称否定命题、特称肯定命题、特称否定命题（简记为 A、E、I、O）

全称肯定命题（A）：是断定一类事物的全部对象都具有某种性质的命题。其逻辑形式是：所有 S 是 P，又称 A 命题，简记为 SAP，如例（1）。

全称否定命题（E）：是断定一类事物的全部对象都不具有某种性质的命题。其逻辑形式是：所有 S 不是 P，又称 E 命题，简记为 SEP，如例（2）。

特称肯定命题（I）：是断定某一类事物中至少有一个（或部分）对象具有某种性质的命题。其逻辑形式是：有些S是P，又称I命题，简记为SIP，如例（3）。

特称否定命题（O）：是断定某一类事物中至少有一个（或部分）对象不具有某种性质的命题。其逻辑形式是：有些S不是P，又称O命题，简称SOP，如（4）。

当量词为特定的一个时，称为单称命题，分为单称肯定命题和单称否定命题，如“张三是一个大学生”，是一个单称肯定命题，“李四不是一个演员”是单称否定命题。因为主项为单称时只有一个对象，因此单称命题可以看成特殊的全称命题，这里不再单独讨论。

表2－1 直言命题的四种基本形式

名 称	表 达	缩 写	简 称
全称肯定命题	所有S是P	SAP	A命题
全称否定命题	所有S不是P	SEP	E命题
特称肯定命题	有的S是P	SIP	I命题
特称否定命题	有的S不是P	SOP	O命题

知识点五 同一素材直言命题A、E、I、O之间的真假关系及推理规则

命题的真假，是指一个命题所断定的结论是否正确。正确的叫真命题，不正确的叫假命题。

在项目一中我们已经介绍过概念间的关系，由此可以直观地得出S和P之间五种关系所对应的A、E、I、O的真假情况，如下表所示（真命题记为“＋”，假命题记“－”）：

表2－2 同素材四种直言命题真值表

命题形式	主谓项关系				
	全同关系 S、P	真包含关系 S P	真包含关系 P S	交叉关系 S P	全异关系 S P
SAP	+	+	－	－	－
SEP	－	－	－	－	+
SIP	+	+	+	+	－
SOP	－	－	+	+	+

同一素材 A、E、I、O 命题之间的真假关系，指的是具有相同主项和谓项的这四种命题之间所存在的一种真假相互制约的关系，又叫作同一素材 A、E、I、O 之间的对当关系，共有四种关系：矛盾关系、反对关系、下反对关系、差等关系。

根据 A、E、I、O 自身的真假情况，从表 2－2 可以归纳出它们之间的对当关系有如下特点（见图 2－1）：

●**矛盾关系**：是指存在于 A（全称肯定）与 O（特称否定）之间、E（全称否定）与 I（特称肯定）之间的真假关系。其特点是：两者不能同真，也不能同假。即：一个真，另一个必假；一个假，另一个必真。二者之间可以由真推假，也可以由假推真。

特别的，当一个命题为同素材单称命题时，单称肯定命题和单称否定命题之间也是矛盾关系。如“张三是云南人”和“张三不是云南人”分别为同素材的单称肯定命题和单称否定命题，二者属于矛盾关系。除此之外，可以把单称命题看作特殊的全称命题。

●**反对关系**：是指存在于 A（全称肯定）和 E（全称否定）之间的真假关系。反对关系的主项（S）都是全称，谓项（P）一个为肯定，一个为否定。其特点是：两者不能同真，但可以同假。即：一个真时，另一个必假；而一个假时，另一个真假不定。我们可以由真推假，而不能由假推真。

●**下反对关系**：是存在于 I（特称肯定）和 O（特称否定）之间的真假关系。下反对关系的主项（S）都是特称，谓项（P）一个为肯定，另一个为否定。其特点是：两者不能同假，但可以同真。即：一个假，另一个必真；一个真，则另一个真假不定。我们可以由假推真，但不可以由真推假。

●**差等关系**：又称蕴涵关系、从属关系，是存在于 A（全称肯定）和 I（特称肯定）之间、E（全称否定）和 O（特称否定）之间的真假关系，它们的主项（S）都有蕴涵关系，而谓项（P）一组为肯定，另一组为否定。注意到差等关系存在于一个全称命题和一个特称命题之间，可以看到其特点是：在同质的情况下，如果全称命题真，则特称命题必真，全称命题假，则特称命题真假不定；如果特称命题假，则全称命题必假，特称命题真，则全称命题真假不定，即可以由全称命题真推出特称命题真，也可以由特称命题假推出全称命题假。

以上同素材四种直言命题（A、E、I、O）之间的对当关系可用下图（逻辑方阵）表示：

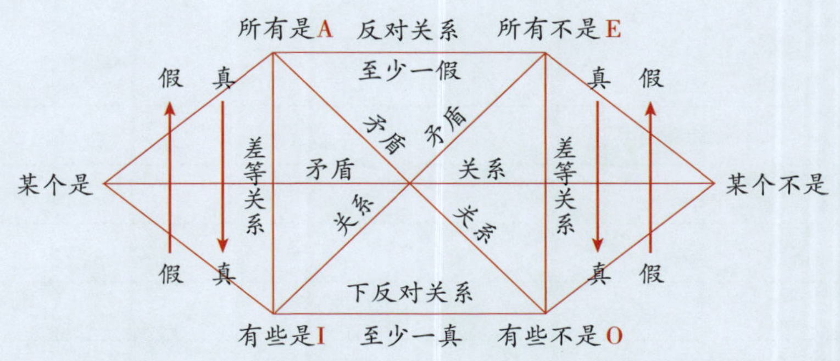

图 2-1　同素材直言命题（A、E、I、O）之间的对当关系

知识点六　直言命题中概念的周延性

所谓概念的周延性，是指在既定语言环境中，若概念的语义所指包括了概念的全部外延，该概念的外延就是周延的，否则该概念的外延就是不周延的。如例（1）是一个全称肯定命题，其主项断定了“我们班”的所有学生，即包括了全部外延，因此，这里的主项是周延的，而谓项并没有包括所有的“云南人”，因此谓项不周延；例（2）是一个全称否定命题，其主项周延，而命题断定了每一个三角形都不是任何一个四边形，因此谓项是周延的。一般来说，在 A、E、I、O 四种直言命题中，A（全称肯定）的主项周延，谓项不周延，E（全称否定命题）的主项周延，谓项也周延，I（特称肯定命题）的主项不周延，谓项也不周延，O（特称否定命题）主项不周延，谓项周延。或者简单地说：全称命题主项周延，特称命题主项不周延；肯定命题谓项都不周延，否定命题谓项都周延。

表 2-3　直言命题主项、谓项周延情况

命题名称	简称	主项	谓项
全称肯定命题	A	周延	不周延
全称否定命题	E	周延	周延
特称肯定命题	I	不周延	不周延
特称否定命题	O	不周延	周延

由直言命题主、谓项的周延性，我们可以得出这样的结论：在 A、E、I、O 四个命题中，不能随便交换主项和谓项。也就是说，通常情况下，如果一个直言命题为真命题，主项、谓项交换后，已经改变了原有的周延性，也就不能保证新命题是否还是真命题。如：“所有的云南人都是中国人”为真命题，但“所有的中国人都是云南人”显然是一个假命题，因为“中国人”和“云南人”在两个命题中的周延性是不一样的，周延性改变了，就不能保证推理有效。

小组讨论：学习了相关知识后，分小组对案例 2.1《马克·吐温的声明》进行分析讨论。

你的分析：

模块三　实战演练

通过学习，请你运用直言命题思维及推理相关知识，分析解决以下问题：

1. 期末考试结束，某班学习委员说："我们班所有同学的'高等数学'课程的成绩都是及格的。"

如果学习委员的话不正确，则下面的断定哪一项为真？

A. 这个班没有一个同学的"高等数学"课的成绩及格。

B. 这个班至少有一个同学的"高等数学"课的成绩不及格。

C. 学习委员自己的"高等数学"课的成绩是及格的。

D. 这个班至少有一个同学"高等数学"课的成绩及格。

解析：

2. 求解方程式的根

初中一年级的数学作业中，有这样一道题目："$X^2=9$，求解方程式的根"。小赵和小李都求出了 $X=\pm 3$，但在对此做文字说明的时候，小赵说："3 是方程式的根"，小李则说，"方程式的根是 3"。老师评定小赵的说明是正确的，小李的说明是错误的。

小李感到很委屈。他认为自己的说明和小赵的说明是一样的，“3 是方程式的根”，不就是“方程式的根是 3”吗？为什么老师认为小赵是对的，而自己是错误的呢？

请你分析一下：“3 是方程式的根”同“方程式的根是 3”，这两个说法的意思是一样的吗？

解析：

3. 某班有 50 名同学，有以下 3 个判断：（1）有人是云南人；（2）有人不是云南人；（3）班长小王不是云南人。

如果上述三个判断仅有一个为真，则下面选项正确的是：

A. 该班 50 人都是云南人。

B. 该班 50 人都不是云南人。

C. 该班只有一人不是云南人。

D. 该班只有一人是云南人。

解析：

4. 厨房的桌子上有 4 个杯子，每个杯子上写着一句话：第一个杯子上写着“所有的杯子中都是蜂蜜水”；第二个杯子上写着“本杯是淡盐水”；第三个杯子上写着“本杯不是白糖水”；第 4 个杯子上写着“有些杯子中没有蜂蜜水”。

如果这 4 个杯子上写的话只有一句是真的，那么以下哪项必定为真？

A. 第一个杯子中是蜂蜜水。

B. 第二个杯子中是淡盐水。

C. 第三个杯子中是白糖水。

D. 第四个杯子中不是蜂蜜水。

解析：

5. “逻辑思维训练”课程期末考试结束后，学习委员向任课老师打探消息，问老师：“这次‘逻辑思维训练’考试不太难，我估计我们班同学的成绩都在70分及以上吧？”老师说：“你说的前半句不错，后半句不对。”

如果任课老师的话为真，那么下列断定中哪一项也必定为真？

A. 多数同学的成绩都在70分以上，有少数同学的成绩在70分以下。

B. 有些同学的成绩在70分以上，有些同学的成绩在70分以下。

C. 肯定有的同学成绩不到70分。

D. 这次考试太难，多数同学的成绩不理想。

E. 这次考试太容易，全班同学的成绩都在80分以上。

解析：

6. 有一种观点认为，哺乳动物都是胎生的。

以下哪项最能驳斥上述论断？

A. 也许有的非哺乳动物是胎生的。

B. 可能有的哺乳动物不是胎生的。

C. 没有见过非胎生的哺乳动物。

D. 非胎生的动物不大可能是哺乳动物。

E. 鸭嘴兽是哺乳动物，但不是胎生的。

解析：

7. 为安全起见，学校规定学生在宿舍内不得使用大功率电器。一次突击检查，所有的学生宿舍都检查过了，没有发现有使用大功率电器的情况。如果上述断定为真，以下四个断定中：

I. 没有宿舍被检查过。

II. 有的宿舍被检查过。

III. 有的宿舍没有被检查过。

IV. 使用大功率电器的宿舍已被检查过。

下列选项可确定为假的是：

A. 仅 I 和 II

B. 仅 I 和 III

C. 仅 II 和 III

D. I、II 和 III

解析：

8. 某次税务大检查后，四个检查人员有如下结论：

甲：所有个体户都没纳税。

乙：服装个体户陈老板没有纳税。

丙：有的个体户纳了税。

丁：有的个体户没有纳税。

如果四个人中只有一个人的话是真的，则以下哪项断定必然为真？

A. 甲属实，陈老板没有纳税。

B. 丙属实，但陈老板没有纳税。

C. 丙属实，但陈老板纳了税。

D. 丁属实，但陈老板纳了税。

解析：

9. 某单位的领导在职工大会上宣布："此次提出的方案得到大家一致赞同，全体通过。"会后，小张对此事进行了核实，发现该领导所言不实。

如果小张的发现为真，则以下断定也必然为真的是：

A. 有少数人未发表意见。

B. 有些人赞同，有些人反对。

C. 至少有人不赞同。

D. 至少有人赞同方案。

解析：

10. 某次庭审时，有法官认为：不可能所有证人都说实话。

如果该法官的判断是真的，那么下面哪个命题必然为假？

A. 所有证人都不说实话。

B. 有的证人说实话。

C. 有的证人不说实话。

D. 所有证人都说实话。

解析：

11. 甲、乙、丙、丁四个同学在一起议论本班同学体育达标测试情况。

甲说：我们班所有同学都达标了。

乙说：如果班长达标了，那么学习委员就没达标。

丙说：班长达标了。

丁说：我们班有人没有达标。

已知四人中只有一人说的不对，则可推出以下哪项结论？

A. 甲说的不对，班长没有达标。

B. 乙说的不对，学习委员没有达标。

C. 丙说的不对，班长没有达标。

D. 丁说的不对，学习委员达标了。

E. 甲说的不对，学习委员没有达标。

解析：

12. 经初步统计，关于学校某二级学院学生参加专升本考试的情况有以下断定：

（1）该学院所有学生都参加专升本考试。

（2）该学院的张三参加专升本考试。

（3）该学院有些学生参加专升本考试。

（4）该学院有些学生不参加专升本考试。

经过详细核查，发现上述断定中只有两个是对的。

以下哪项结论可以从上述条件必然推出？

A. 该学院的张三参加专升本考试。

B. 该学院的有些学生不参加专升本考试。

C. 该学院所有学生都参加专升本考试。

D. 该学院所有学生都不参加专升本考试。

E. 该学院没有一个学生参加专升本考试。

解析：

模块四　故事阅读

“晨钟暮鼓”说是怎样被动摇的

柳田圣山（1922. 12. 19—2006. 11. 8），日本滋贺县人，是专攻中国禅宗史的著名学者、佛学教授。有一则关于其在中国的故事：

一天，柳田圣山教授参观了上海著名寺庙玉佛寺。在大雄宝殿，教授就洪钟使用的规矩、方法请教玉佛寺的法师。这位法师说，庙里做隆重佛事的时候，七七四十九天，日日夜夜都要敲击洪钟。柳田教授听后，表示不赞同。他说：“‘七七’期间，白天敲钟，夜里是不敲的。因为，佛教寺庙的规矩是‘晨钟暮鼓’，夜里敲钟，佛教经典上无此记载。”

法师听后，未予置辩。他们一道走出殿堂，来到卖品部，柳田教授仔细观赏着清人俞樾手书的唐诗《枫桥夜泊》，甚为喜爱。这时，法师走上去，随手在“姑苏城外寒山寺，夜半钟声到客船”中的“寒山寺”“夜半钟声”上画了几个圈，提请教授注意。教授略有所思，大为震惊，很快就立正、低头、合掌，连连向法师致敬。

柳田教授大为震惊的主要原因是：他从法师所圈出的“寒山寺”“夜半钟声”上，看到了自己所持的“晨钟暮鼓”说是不成立的。既然古诗中就记载了寒山寺这个姑苏城外的著名佛教寺庙，曾经夜半敲钟，那么，认为佛教寺庙夜里不敲钟的“晨钟暮鼓”之说，当然也就不能成立了。

从逻辑上说，故事正好涉及四种主要性质判断（即直言判断）之间的关系问题。

前述柳田圣山教授的主张，是一个全称否定命题“所有佛教寺庙夜里都不会敲钟的”（E 命题），法师所指《枫桥夜泊》中的诗句里，含有一个特称肯定命题“有的佛教寺庙夜里会敲钟”（I 命题）。E 命题和 I 命题在对当关系中是矛盾关系。二者的关系是：不能同真，也不能同假。既然法师所指的古诗中已经表明“有的佛教寺庙夜里会敲钟的”这一特称肯定判断是真的，那么，同它矛盾的全称否定命题，即柳田圣山教授所断定的“所有佛教寺庙夜里都不会敲钟的”就是假命题，从而柳田教授认识到自己观点不正确。

模块五　课后反思

学习体会

模块六　教学评价

评价内容	评价人	成　绩				
		优秀	良好	中等	及格	不及格
自我学习	自评					
团队学习	组长					
课堂表现	教师					
实战演练	教师					
综　　合	教师					

任务二　假言命题思维

【学习目标】

- 熟悉三种假言命题的结构及含义。
- 熟悉假言命题的思维和推理规则。
- 能用假言推理思维的相关知识解决一些逻辑问题。

模块一　自学空间

主要内容：充分条件、必要条件、充要条件、假言命题推理规则

自学途径：查阅相关书籍或通过相关网络平台学习

自学笔记

自学笔记

模块二　共学天地

案例 2.2　赵藩的攻心联

赵藩（1851.2.7—1927.9.26）出生于云南剑川县向湖村一户白族人家，是中国近代历史上著名的政治家、学者、诗人和书法家。参加过辛亥革命和护国、护法运动，历任众议员、南方军政府交通部部长。赵藩一生著述颇多，尤以诗词为最，现昆明大观楼“天下第一长联”为其手书。其最著名的作品是悬挂在四川成都武侯祠诸葛亮殿的“攻心联”：“能攻心则反侧自消，从古知兵非好战；不审势即宽严皆误，后来治蜀要深思。”毛泽东曾对这一对联给予高度评价。

请你从逻辑学的角度分析一下“攻心联”的特点。

赵藩的“攻心联”，包含有假言命题的思维和推理。下面我们来共同学习相关知识。

图 2-2　成都武侯祠“攻心联”

知识点一　假言命题

假言命题又称条件命题或假言判断、条件判断，是陈述（断定）某一事物的存在是另一事物存在的条件的一种复合命题。其常见的形式有“如果……，那么……”“只有……，才……”“当且仅当……”等等，如：

如果下雨，那么露天球场是湿的。

只有年满十八岁，才能当兵入伍。

没有共产党就没有新中国。

只有社会主义才能救中国。

当且仅当一个三角形的两边的平方和等于第三边的平方，则这个三角形是直角三角形。

其在前的支命题叫做前件，在后的支命题叫做后件。假言命题就是断定前件是后件的条件的命题，有充分条件、必要条件、充要条件三种假言命题。

知识点二　充分条件假言命题及推理

充分条件假言命题及结构

充分条件假言命题是断定某一事物情况（前件）存在，则另一事物（后件）也一定存在的复合命题，其特点是“有之必然”。其基本结构为：

构成：前件 p，联结词，后件 q。

联结词：“如果……，就……”“如果……，那么……”“只要……，就……”“若……，则……”“一旦……，就……”等等。

逻辑形式：如果 p，那么 q，记为“p→q”

充分条件假言推理

充分条件假言推理是以充分条件假言命题为前提，并依据假言命题的逻辑性质进行的推理。

充分条件的假言命题，意味着“有之必然”，即只要条件（前件）成立，必然导致某一结论（后件）成立。在一个充分条件假言真命题中，前件只是后件为真的一个条件，后件为真，可能不止一个条件，意味着“无之未必不然”。也就是说少了前件这一条件，并不意味着后件为假，但后件为假，前件必然也假。如“如果天下雨，那么露天球场是湿的”，这是一个充分条件假言命题。“天下雨”，必然导致“露天球场是湿的”。露天球场不湿，肯定没下雨。但是“天下雨”显然不是“球场湿”的唯一条件，其他原因也会造成“球场湿”。所以，否定“天下雨”，即天不下雨，并不能否定“球场湿”，也就是说，球场“可能湿”，也可能“不湿”。

学过中学数学里的命题，我们知道，命题之间有四种关系：原命题、逆命题、否命题、逆否命题。对于充分条件的假言命题，原命题和逆否命题等价，即原命题与其逆否命题同真假；而原命题为真，其逆命题和否命题真假不定。因此，充分条件假言命题的推理规则如下：

充分条件假言命题推理规则

肯定前件必肯定后件；否定后件必否定前件；否定前件不能否定后件（后件可真可假）；肯定后件不能肯定前件（前件可真可假）。

规则说明，充分条件假言命题否定前件和肯定后件的推理是无效的。

知识点三　必要条件假言命题

必要条件假言命题及结构

必要条件假言命题是断定某一事物情况（前件）是另一事物情况（后件）存在的必要的（必不可少）的条件的复合命题。其特点是“无之必不然”。其基本结构为：

构成：前件 p，联结词，后件 q。

联结词：“只有……，才……”“必须……，才……”“没有……，就没有……”“除非……，否则……”等等。如“没有共产党就没有新中国”“只有社会主义才能救中国”都是必要条件假言命题。

逻辑形式：只有 p，才 q，记为“p←q”

必要条件假言推理

必要条件的假言推理是以必要条件假言命题为前提，并依据假言命题的逻辑性质进行的推理。

我们可以通过充分条件假言命题和必要条件假言命题之间的关系来推出必要条件假言命题的推理规则。

从字面理解，“必要”，意味着“必须的”“ 必不可少的”。反过来说，就是少了前件这个条件，后件结论就不成立。我们知道，命题“如果 p，那么 q”为真，p 是 q 的充分条件，它与其逆否命题“如果非 q，那么非 p”是等价的，意味着命题“如果非 q，那么非 p”也为真。就是说少了 q，就不可能有 p，按照必要条件假言命题的概念，q 就是 p 的必要条件。因此我们有这样的结论：当 p 是 q 的充分条件时，q 是 p 的必要条件。同理，若 q 是 p 的充分条件，则 p 是 q 的必要条件，即两者是等价的。因此讨论必要条件假言命题“p←q”的推理规则，只需转换为充分条件“q→p”的推理规则即可。

必要条件假言命题推理规则

否定前件必否定后件；肯定后件必肯定前件；肯定前件不能肯定后件（后件可真可假）；否定后件不能否定前件（前件可真可假）。

规则说明，必要条件假言命题的肯定前件和否定后件推理是无效的。

知识点四　充分必要条件假言命题。

针对国民党顽固派制造的一系列反共摩擦事件，1939 年 9 月 16 日，毛泽东在《和中央社、扫荡报、新民报三记者的谈话》中表明了中国共产党对这些事件的严正立场，并提出了一个著名的论断：人不犯我，我不犯人；人若犯我，我必犯人。这一论断后来成为中国共产党坚持正义、为了人民和民族利益、敢于打击和消灭一切来犯之敌的斗争口号，也是中华民族立足世界民族之林的霸气宣言。

我们分析一下毛主席的这一著名论断的逻辑特点。“人不犯我，我不犯人；人若犯我，我必犯人”（这里“犯”是“侵犯”的意思）是两个充分条件的假言命题。我们把论断中的“犯我”作为前件 p，“犯人”作为后件 q。则这一论断的逻辑形式为：非 p→非 q；p→q。由充分条件和必要条件假言命题的推理规则，我们可以推断出 p 既是 q 的充分条件，同时 p 又是 q 的必要条件。这个时候，我们就说 p 是 q 的充分必要条件，简称充要条件。所以，论断中“犯我”是“犯人”的充分必要条件。

●充分必要条件假言命题及其结构

充分必要条件简称为充要条件，充要条件假言命题是断定一个事物情况（前件）既是另一个事物（后件）的充分条件，又是必要条件的复合命题。其特点是“有之必然，无之必不然”。说得通俗一点，就是一个条件命题，如果原命题为真命题，其逆命题也为真命题，则这个命题就是充要条件的假言命题。其基本结构为：

构成：前件 p，联结词，后件 q。

联结词：当且仅当、有且只有、充要条件等等

逻辑形式：p 当且仅当 q，p 是 q 的充要条件等等。记为“p↔q”

●充要条件假言推理

充要条件假言推理是以充要条件假言命题为前提，并依据假言命题的逻辑性质进行的推理。

●充要条件假言推理规则

肯定前件必肯定后件；否定前件必否定后件；肯定后件必肯定前件；否定后件必否定前件。

需要注意的是，如果前件是后件的充要条件，那么后件也必然是前件的充要条件。

小组讨论：分小组对案例 2.2《赵藩的攻心联》进行分析。

你的分析：……………………………………………………

……………………………………………………………………

……………………………………………………………………

……………………………………………………………………

……………………………………………………………………

……………………………………………………………………

……………………………………………………………………

模块三　实战演练

请你根据所学命题思维及推理的相关知识，解决以下问题：

1. 许多谚语、名人名言通俗易懂，但富含哲理和智慧，论断深刻，极具感染力和说服力。试分析以下各论述采用了什么样的逻辑思维形式。

（1）一切反动派都是纸老虎。

——毛泽东

（2）人民，只有人民，才是创造世界历史的动力。

——毛泽东

（3）天若有情天亦老，人间正道是沧桑。

——毛泽东《七律·人民解放军占领南京》

（4）世上无难事，只要肯登攀

——毛泽东《水调歌头·重上井冈山》

（5）只有坚持爱国和爱党、爱社会主义相统一，爱国主义才是鲜活的、真实的。

——习近平

（6）幸福是奋斗出来的。奋斗本身就是一种幸福。只有奋斗的人生，才称得上幸福的人生。

——习近平

（7）民惟邦本，本固邦宁。

——《尚书·五子之歌》

（8）给我一个支点，我就能撬起整个地球。

——阿基米德

（9）三人行必有我师焉

——孔子《论语·述而》

（10）己所不欲，勿施于人。

——孔子《论语·颜渊》

（11）名不正则言不顺，言不顺则事不成。

——孔子《论语·子路》

（12）学而不思则罔，思而不学则殆。

——孔子《论语·为政》

（13）只要功夫深，铁杵磨成针。

——谚语

（14）若要人不知，除非己莫为。

——谚语

（15）众人拾柴火焰高。

——谚语

解析：

2. 只有周末，学校才不上课。

如果以上断定为真，则下列哪项断定为真？

A. 如果是周末，那么学校不上课。

B. 如果是周末，那么学校上课。

C. 如果学校上课，那么是周末，

D. 如果不是周末，学校上课。

解析：

3. 如果放假，我们就会去爬山。如果天空不晴朗，我们就不会去爬山。如果天气很暖和，我们就会爬山。

假定上面的陈述都属实，如果我们现在正在爬山，则下面哪项也必定是真的：

Ⅰ. 放假。

Ⅱ. 天空晴朗。

Ⅲ. 天气暖和。

A. 仅Ⅰ；B. 仅Ⅰ、Ⅲ；C. 仅Ⅱ；D. 仅 Ⅲ

解析：

4. 教材是李四拿走的吗?

周末，张三同学放在宿舍里的《逻辑思维训练》教材被人拿走了。张三怀疑是被李四同学拿走的，他的分析是：如果某人拿走教材，那么当时他一定在宿舍里。李四周末在宿舍，因此教材一定是李四拿走的。

张三的分析是否正确？请你用逻辑学的相关知识给予说明。

解析：

5. 某单位失窃，甲、乙、丙、丁四人涉嫌而被拘审，四人口供如下：

甲：案犯是丙。

乙：丁是罪犯。

丙：如果我作案，那么丁是主犯。

丁：作案的不是我。

经仔细调查，发现四人口供中只有一人说的是假的。请你根据以上信息，确定谁是案犯。

解析：

6. 小赵、小钱两人是邻居且是好友，经常在一起品茶饮酒。某日，小钱约小赵第二天去垂钓，小赵说："如果明天不下雨，我去看电影。"第二天，天下起了毛毛细雨，小钱以为小赵不会去看电影，就去小赵家里找他，谁知小赵却依然去看电影了。待两人再见面时，小钱责怪小赵食言，既然下雨了，为什么还去看电影。小赵却说自己没有食言，是小钱的推理不合逻辑。

对于两人的争论，以下陈述恰当的是：

A. 小赵、小钱关于这个问题的争论是没有意义的。

B. 小钱的推论不合逻辑。

C. 两个人对毛毛雨的理解不同。

D. 由于小赵的食言，引起了这场争论。

解析：

7. 某食品企业组织所属的甲、乙、丙三个分厂联合生产一种新产品。关于新产品生产出来后的检测办法，他们在合同中做了以下规定：

（1）如果乙分厂不参加检测，那么甲分厂也不参加。

（2）如果乙分厂参加检测，那么甲分厂和丙分厂也要参加。

请问：如果甲分厂参加检测，丙分厂是否要参加？

解析：

8. （2003 年 MPA 联考试题）有人说“只有肯花大价钱的足球俱乐部，才进得了中超足球联赛”。如果以上命题为真，则可能出现的情况是：

Ⅰ. 某俱乐部花了大价钱，没有进中超。

Ⅱ. 某俱乐部没有花大价钱，进了中超。

Ⅲ. 某俱乐部没有花大价钱，没有进中超。

Ⅵ. 某俱乐部花了大价钱，进了中超。

以下选项正确的是：

A. 仅 IV；B. 仅Ⅰ、Ⅱ、Ⅲ；C. 仅Ⅲ、IV；D. 仅Ⅰ、Ⅲ、Ⅵ。

解析：

9. 学校棋牌社团进行年度围棋比赛。为了使比赛不受干扰，主办者在赛场门口竖了一块牌子，上面写着：“不会下围棋者不能入内”。有一个会下围棋的同学想进去观看。如果牌子上写的得到准确理解和严格执行，那么以下诸断定中最有可能发生的是：

A. 他可能不会被允许进入。

B. 他一定不会被允许进入。

C. 他一定会被允许进入。

D. 他不可能被允许进入。

解析：

10. 如果一个人是化学家，那他就是一位科学家。杨振宁是一位科学家，所以他是化学家。

下面哪个断定最能说明为何上述说法是不成立的?

A. 化学家是科学家，所以一个人只要是科学家，他就一定是化学家。

B. 一个人只要是化学家，他就一定是科学家。但即便不是化学家，他也可能成为科学家。

C. 一个人只要是科学家，他就一定是化学家，但即便不是化学家，他也可能成为科学家。

D. 一个人即便不是化学家，他仍然可能成为科学家，即便不是科学家，他也可能成为化学家。

E. 一个人要么是科学家，要么是化学家，但要想拥有其中一种身份，他就必然拥有另一种身份。

解析：

11. 某校准备公开招聘教师，在报名条件中有一条规定“没有教师资格证的不能参加本次招聘”。张三有教师资格证。

关于张三，以下哪项是根据上文可以推出的结论?

A. 他一定可以参加该校的这次招聘。

B. 他参加招聘的资格取决于他获得教师资格证的年限。

C. 他一定不能参加该校的这次招聘。

D. 他可能参加不了该校的这次招聘。

E. 他参加招聘的资格取决于他教书的能力。

解析：

12. 某高校的同学们普遍抱怨各个食堂的伙食太差。然而唯独一年前反映最差的风味食堂，这一次抱怨的同学人数很少。学校后勤部门由此号召其他各个食堂向风味食堂学习，共同改善同学们关心的伙食问题。

下列哪项如果为真，将表明学校后勤部门的这个决定是错误的？

A. 因为伙食差，在风味食堂就餐的人数比起其他食堂要少得多。

B. 各个食堂的问题不同，不能一刀切，要因地制宜，采取不同措施。

C. 风味食堂的花样多，但是价格高，困难同学吃不起。

D. 风味食堂的进步也是与其他各个食堂的支持分不开的。

解析：

13. 如果张三是教师，那么他一定学过心理学。

上述判断是从下面哪个判断中推出来的？

A. 一个好教师应该学过心理学。

B. 只有学过心理学的人才可以做教师。

C. 有的教师真的不懂心理学。

D. 掌握心理学知识有助于提高教学效果。

E. 张三曾经说过他非常喜欢心理学。

解析：

14. 如果你犯了法，你就会受到法律制裁；如果你受到法律制裁，别人就会看不起你；如果别人看不起你，你就无法受到尊重；而只有得到别人的尊重，你才能过得舒心。

从上述推理中可以推出下列哪一个结论？

A. 你不犯法，日子就会过得舒心。

B. 你犯了法，日子就不会过得舒心。

C. 你日子过得不舒心，证明你犯了法。

D. 你日子过得舒心，表明你看得起别人。

E. 如果别人看得起你，你日子就能舒心。

解析：

15. 随着环境污染问题越来越严重，科学家不断发出警告：如果我们不从现在起就重视环境保护，那么人类终有一天将无法在这个地球上生活。

以下哪项与科学家的警告是一致的？

A. 有那么一天，人类将无法在地球上生活。

B. 从现在起就重视环境保护，人类就可以在地球上继续生活。

C. 只有从现在起重视环境保护，人类才不至于在这个地球上无法生活。

D. 人类有一天在这个地球上无法生活，那是因为我们没有从现在起重视环境保护。

E. 环境污染问题的严重性必须引起我们的高度重视。

解析：

16. 子曰："己所不欲，勿施于人。"（《论语·颜渊》）

下面不是孔子所说的这句话的意思的是：

A. 只有己所欲，才能施于人。

B. 除非己所欲，否则不施于人。

C. 若己所欲，则施于人。

D. 凡施于人的都应该是自己所欲的。

解析：

17. 如果周教授当选为学术委员会主任，那么他一定是学术委员会委员。

上述断定是以下哪项断定为假设前提的？

A. 只有学术委员会委员才可被选为学术委员会主任。

B. 只有周教授才可当选为学术委员会主任。

C. 只有教授才可被选为学术委员会主任。

D. 一些教授可选为学术委员会主任。

E. 一些学术委员可能不被选为学术委员会主任。

解析：

模块四　故事阅读

皇帝的新装

丹麦作家安徒生的《皇帝的新装》是大家非常熟悉的童话故事：

许多年以前，有一位皇帝，他非常喜欢好看的新衣服。为了要穿得漂亮，他不惜把他所有的钱都花掉。他既不关心他的军队，也不喜欢去看戏，也不喜欢乘着马车去游公园——除非是为了去炫耀一下他的新衣服。他每一天每一点钟都要换一套衣服。人们提到他，总是说："皇上在更衣室里。"

他居住的那个大城市里，生活是轻松愉快的，每天都有许多外国人到来。有一天来了两个骗子。他们自称是织工，说他们能够织出人类所能想到的最美丽的布。这种布不仅色彩和图案都分外地美观，而且缝出来的衣服还有一种奇怪的特性：任何不称职的或者愚蠢得不可救药的人，都看不见这衣服。

"那真是理想的衣服！"皇帝心里想，"我穿了这样的衣服，就可以看出在我的王国里哪些人是不称职的；我就可以辨别出哪些是聪明人，哪些是傻子。是的，我要叫他们马上为我织出这样的布来！"于是他付了许多现款给这两个骗子，好使他们马上开始工作。

他们摆出两架织布机，装作是在工作的样子，可是他们的织布机上连一点儿东西的影子也没有。他们急迫地请求发给他们一些最细的生丝和最好的金子。他们把这些东西都装进自己的腰包，只在那两架空织布机上忙忙碌碌，一直搞到深夜。

"我倒很想知道，他们的衣料究竟织得怎样了。"皇帝想。不过，当他想起凡是愚蠢或不称职的人就看不见这布的时候，他心里的确感到有些不大自然。他相信他自己是无须害怕的。虽然如此，他仍然觉得，先派一个别的人去看看工作的进展情形比较妥当。全城的人都听说这织品有一种多么神奇的力量，所以大家也都渴望借这个机会测验一下：他们的邻人究竟有多么笨，或者有多么傻。

“我要派我诚实的老大臣到织工那儿去。”皇帝想，“他最能看出这布料是什么样子，因为他这个人很理智，同时就称职这点来说，谁也不及他。”

这位善良的老大臣因此就到那两个骗子的屋子里去了。他们正在空织布机上忙碌地工作。

“愿上帝可怜我吧!”老大臣想，他把眼睛睁得特别大，“我什么东西也没有看见!”但是他没有敢把这句话说出口来。

那两个骗子请他走近一点儿，同时指着那两架空织布机，问他花纹是不是很美丽，色彩是不是很漂亮。可怜的老大臣眼睛越睁越大，可是他仍然看不见什么东西，因为的确没有什么东西可看。

“我的老天爷!”他想，“难道我是愚蠢的吗？我从来没有怀疑过这一点。这一点决不能让任何人知道。难道我是不称职的吗？——不成，我决不能让人知道我看不见布料。”

“哎，您一点儿意见也没有吗?”一个正在织布的骗子说。

“哎呀，美极了！真是美妙极了!”老大臣一边说，一边从他的眼镜里仔细地看，“多么美的花纹！多么美的色彩！是的，我将要呈报皇上，我对这布料非常满意。”

“嗯，我们听了非常高兴。”两个织工齐声说。于是他们就把这些色彩和稀有的花纹描述了一番，还加上了些名词。老大臣注意地听着，以便回到皇帝那儿去的时候，可以照样背出来。事实上他也就这样做了。

这两个骗子又要了更多的钱、更多的丝和金子，他们说这是为了织布的需要。他们把这些东西全装进了腰包，连一根线也没有放到织布机上去。不过他们还是照常继续在空机架上工作。

过了不久，皇帝又派了另外一位诚实的官员去看工作进行的情况，看要多久布才可以织好。这位官员的运气并不比头一位钦差大臣好：他看了又看，但是那两架空织布机上什么也没有，他什么东西也看不出来。

“你看这段布美不美?”两个骗子问。他们指着、描述着一些美丽的花纹——事实上它们并不存在。

“我并不愚蠢啊!”这位官员想，“这大概是因为我不配有现在这样好的官职吧？这也真够滑稽，但是我决不能让人看出来！因此他就把他完全没有看见的布称赞了一番，同时对他们保证说，他对这些美丽的色彩和巧妙的花纹感到很满意。“是的，那真是太美了!”他对皇帝说。

城里所有的人都在谈论着这美丽的布料。

当布料还在织布机上的时候，皇帝就很想亲自去看它一次。他选了一群特别圈定的随员——其中包括已经去看过的那两位诚实的大臣。然后他就到那两个狡猾的骗子所在的地方去。这两个家伙正在以全副精神织布，但是一根线的影子也看不见。

“您看这布华丽不华丽?”那两位诚实的官员说，“陛下请看：多么美的花纹！多么美的色彩!”他们指着那架空织布机，因为他们相信别人一定可以看得见布料。

“这是怎么一回事呢?”皇帝心里想，“我什么也没有看见！这可骇人听闻了。难道我是一个愚蠢的人吗？难道我不够资格当一个皇帝吗？这可是我所遇见的一件最可怕的事情。”

“哎呀，真是美极了!”皇帝说，“我十二分地满意!”

于是他就点头表示出他的满意。他仔细地看着织布机，因为他不愿意说出他什么也没有看到。跟着他来的全体随员也仔细地看了又看，可是他们也没有比别人看到更多的东西。不过，像皇帝一样，他们也说：“哎呀，真是美极了!”他们向皇帝建议，用这新的、美丽的布料做成衣服，穿着这衣服去参加快要举行的游行大典。“这布是华丽的！精致的！无双的!”每个人都随声附和着。每个人都有说不出的快乐。皇帝赐给骗子每人一个爵士的头衔和一枚可以挂在扣眼上的勋章，同时还封他们为“御聘织师”。

第二天早上，游行大典就要举行了。头一天晚上，两个骗子整夜都没有睡，点起十六支以上的蜡烛。人们可以看到他们是在赶夜工，要把皇帝的新衣完成。他们装作是在把布料从织布机上取下，用两把大剪刀在空中裁了一阵子，同时用没有穿线的针缝了一通。最后，他们齐声说：“请看！新衣服缝好了!”

皇帝亲自带着他的一群最高贵的骑士来了。两个骗子每人举起一只手，好像拿着一件什么东西似的。他们说：“请看吧，这是裤子！这是袍子！这是外衣！……这些衣服轻柔得像蜘蛛网一样，穿的人会觉得好像身上没有什么东西似的——这也正是这些衣服的优点。”

“一点儿也不错。”所有的骑士都说。可是他们什么也看不见，因为什么东西也没有。

“现在请皇上脱下衣服，”两个骗子说，“好叫我们在这个大镜子面前为您换上新衣。”

皇帝把他所有的衣服都脱下来了。两个骗子装作一件一件地把他们刚才缝好的新衣服交给他。他们在他的腰周围弄了一阵子，好像是为他系上一件什么东西似的——这就是后裙。皇上在镜子面前转了转身子，扭了扭腰肢。

“上帝，这衣服多么合身啊！裁得多么好看啊!”大家都说，“多么美的花纹！多么美的色彩！这真是一套贵重的衣服！”

“大家都在外面等待，准备好了华盖，以便举在陛下头上去参加游行大典。”典礼官说。

“对！我已经穿好了。”皇帝说，“这衣服合我的身吗?”于是他又在镜子面前把身子转动了一下，因为他要使大家觉得他在认真地观看他的美丽的新装。

那些托后裙的内臣都把手在地上东摸西摸，好像他们正在拾取起衣裙似的。他们开步走，手中托着空气——他们不敢让人瞧出他们实在什么东西也没有看见。

这样，皇帝就在那个富丽的华盖下游行起来了。站在街上和窗子里的人都说：“乖乖！皇上的新装真是漂亮！他上衣下面的后裙是多么美丽！这件衣服真合他的身材!”谁也不愿意让人知道自己什么也看不见，因为这样就会显出自己不称职，或是太愚蠢。皇帝所有的衣服从来没有获得过这样的称赞。

“可是他什么衣服也没有穿呀!”一个小孩子最后叫了出来。

“上帝哟，你听这个天真的声音!”爸爸说。于是大家把这孩子讲的话私下里低声地传播开来。

“他并没有穿什么衣服！有一个小孩子说他并没有穿什么衣服啊!”

“他实在没有穿什么衣服呀!”最后所有的老百姓都说。皇帝有点儿发抖，因为他似乎觉得老百姓们所讲的话是真的。不过他自己心里却这样想：“我必须把这游行大典举行完毕。”因此他摆出一副更骄傲的神气。他的内臣们跟在他后面走，手中托着一条并不存在的后裙（摘自人教版《语文》七年级上册）。

这是一个脍炙人口、耳熟能详的童话故事。在这个故事里皇帝和大臣们之所以明明什么都没看见，但是都不愿说出真相，仍然说自己看见了最漂亮的衣服，是因为他们相信骗子所宣称的“任何不称职的或者愚蠢得不可救药的人，都看不见这衣服”，生怕说出真相后被别人认为不称职、愚蠢得不可救药。撇开故事的内容、艺术特色和寓意，从逻辑学的角度来看，其实，骗子的话可以描述为这样一个充分条件假言命题：“如果一个人不称职或愚蠢得不可救药，那么他看不见这衣服”。如果这是事实，那么“凡是看得见这衣服的一定称职且不愚蠢”。这一方面表明，不称职或愚蠢得不可救药的人是看不见这衣服的，同时要想证明自己称职且不愚蠢，就必须看见了所谓的衣服。自然，谁也不想被别人认为不称职、愚蠢。既然认定骗子所言为真，只有编织谎言，都违心说看到了衣服，才能证明自己称职和不愚蠢，最后导致谁也不敢讲真话，骗局一真延续到真相从一个童言无忌的孩子口中说出来为止。

模块五　课后反思

学习体会

评价内容	评价人	成　绩				
		优秀	良好	中等	及格	不及格
自我学习	自评					
团队学习	组长					
课堂表现	教师					
实战演练	教师					
综　　合	教师					

任务三　联言、选言命题思维

【学习目标】

- 了解联言、选言命题的基本形式、结构和推理规则。
- 能用所学知识解决相关的逻辑问题。

模块一　自学空间

学习内容：联言、选言命题，联言、选言命题推理规则

自学途径：查阅相关书籍或通过相关网络平台学习

自学笔记

自学笔记

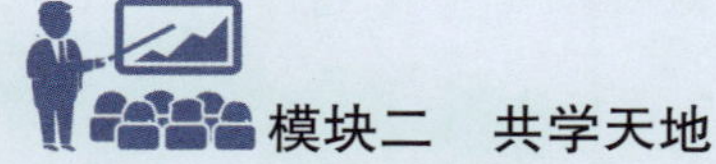

模块二　共学天地

案例 2.3　鱼与熊掌

中学语文课本里我们读过孟子的文章："鱼，我所欲也，熊掌亦我所欲也；二者不可得兼，舍鱼而取熊掌者也。生，亦我所欲也，义，亦我所欲也；二者不可得兼，舍身而去义者也。"（《孟子·告子上》）

请你分析一下孟子在这段话里采用了什么样的思维方式，从而表达了他舍生取义的观点和情怀。

知识点一　联言命题及推理

●联言命题及结构

联言命题是反映事物的若干种情况或者性质同时存在的复合命题。每一种情况或性质都是支命题，叫联言支。其逻辑特点是两个联言支都为真时，联言命题才真，其余都假，通俗地说就是"缺一不可"。

构成：联言支 p，联结词，联言支 q。

联结词："且""既……，又……"，"不但……而且……"等等

如"他不仅有德，而且有才（德才兼备）""2 既是偶数，也是素数""牛顿既是物理学家，也是数学家"等分别都是联言命题

逻辑形式：p 并且 q，记为 $p \wedge q$

●联言命题推理

根据联言命题的逻辑性质而进行的推理就叫联言推理。联言推理是前提或结论是联言命题，并根据联言命题的逻辑性质进行推演的演绎推理。

联言命题推理规则：根据联言命题的构成，我们可以得出：当且仅当所有联言支真，联言命题为真。具体来说，只有当联言支都真，联言命题为真。其中一个联言支假，或者两个联言支都假，则联言命题为假。由此，当一个联言命题为真，则其联言支都必为真；而当一个联言命题假，则至少有一个联言支为假，即一个联言支真，另外一个联言支必假；而一个联言支假，则另一个联言支真假不定（可真可假）。

知识点二　选言命题及推理

●选言命题及结构

选言命题是反映事物的若干种情况或者性质至少有一种存在的复合命题。每一种情况或性质都是支命题，叫选言支。根据选言支之间是否具有并存关系，选言命题可分为相容

选言命题和不相容选言命题。

●相容选言命题

相容选言命题：是反映事物的若干种情况或性质中至少有一种情况存在的命题，其所反映事物的若干种情况或性质是可以并存的。

●不相容选言命题

不相容选言命题：是反映事物的若干种情况或性质中有且只有一种情况存在的命题，其所陈述的事物的若干可能情况是不能并存的。其特点是“二者必居其一”。

构成：选言支 p，联结词，选言支 q。

联结词：相容选言命题有“或者……，或者……”“可能……，可能……”“也许……，也许……”等等；不相容选言命题有“要么……，要么……”，“不是……，就是……”等等。

逻辑形式：p 或者 q，记为 $p \vee q$

●选言命题推理规则

选言命题推理的规则分相容和不相容选言推理两种情况：

相容选言命题推理规则：对于相容的选言命题而言，当且仅当选言支都假，选言命题假。具体来说，只有当所有选言支假，选言命题为假，否则选言命题为真。其中一个选言支为真，或者所有选言支真，则选言命题为真。由此，当一个选言命题为假时，所有选言支必假；而当选言命题为真时，至少有一个选言支为真。

不相容选言命题推理规则：不相容选言命题的选言支之间具有矛盾关系，选言支之间不能同真，也不能同假。因此，选言支有且只有一个是真的，则由它们所组成的不相容选言命题是真的；如果选言支都是真的或者都是假的，则由它们所组成的不相容选言命题是假的。也就是说，在推理过程中，肯定一个选言支，就要否定另一个选言支；否定一个选言支，就要肯定另一个选言支。

小组讨论：分小组对案例 2.3《鱼与熊掌》进行分析讨论。

解析：

模块三　实战演练

请你根据联言、选言命题及推理的相关知识，解决以下问题：

1. 某产品滞销或者是因为质量不好，或者是因为价格太高，或者是因为广告促销没有做好；经分析该产品质量很好。那么以下断定为真的是：

A. 该产品滞销是因为价格太高。

B. 该产品滞销是因为广告促销没有做好。

C. 该产品滞销或者是因为价格太高，或者是因为广告促销没有做好。

D. 该产品滞销既不是因为价格太高，也不是因为广告促销没有做好。

解析：

2. 如果张三犯了甲款罪或乙款罪，那么他一定逃跑。可事实上他主动提供了一些假的信息，并接受了审查人员的询问。由此，以下哪项是上面情况的可靠结论？

A. 提供假信息是违法的。

B. 提供假信息的原因是逃避罪责。

C. 张三既没有犯甲款罪，也没犯乙款罪。

D. 如果张三没有犯甲款罪就一定犯了乙款罪。

解析：

3. 如果生产下降或浪费严重，那么将造成物资匮乏。如果物资匮乏，那么或者物价暴涨，或者人民生活贫困。如果人民生活贫困，政府将失去民心。事实上物价没有暴涨，而且政府赢得了民心。

由此可见，下面结论正确的是：

A. 生产下降但是没有浪费严重。

B. 生产下降并且浪费严重。

C. 生产没有下降但是浪费严重。

D. 生产没有下降并且没有浪费严重。

解析：

4. 某届电影节上，甲电影制片厂拍摄的《黄河，中华民族的摇篮》获得最佳故事片奖，乙电影制片厂拍摄的《孙悟空和小猴子》获得最佳美术片奖，丙电影制片厂拍摄的《白娘子》获得最佳戏曲片奖。

颁奖合影时，三位导演互相祝贺。甲厂导演说："真有趣，我们三个人的姓分别是片名的第一个字，但我们每个人的姓跟自己所拍电影片名的第一个字又不一样。"这时，姓孙的导演笑起来说："真是这样！"

根据以上对话，请你分析判断三个导演分别姓什么。

解析：

5. 常言昆明“十里不同天”，“有雨便是冬”。下面是昆明市五华、盘龙、西山、呈贡四个区某一天的天气情况预报：四个区有三种天气情况，五华区和西山区的天气相同，盘龙区和呈贡区当天没有雨。根据以上预报，以下推断不正确的是：

A. 五华区小雨。

B. 盘龙区多云。

C. 西山区晴。

D. 呈贡区晴。

解析：

6. 周末，某班的几个同学相约去翠湖公园。如果赵一去，那么钱二、孙三和李四也一起去。

如果上述断定是真的，则以下哪项也一定是真的？

A. 如果赵一不去翠湖公园，那么钱二、孙三和李四至少有一个人不去翠湖公园。

B. 如果钱二、孙三和李四一起去翠湖公园，那么赵一也去翠湖公园。

C. 如果钱二、孙三去翠湖公园，那么李四和赵一一定去翠湖公园。

D. 如果李四没有去翠湖公园，那么赵一一定没有去翠湖公园。

解析：

7. 学校选派教师出国留学，必不可少的条件是：业务精通，并且英语流利或者法语流利。

如果李老师没有被选上，则以下哪项能够解释李老师未被选上的原因？

A. 李老师只有英语流利是不够的，还需要法语也比其他候选人流利。

B. 如果李老师业务精通的话，那么他的英语和法语都不够流利。

C. 李老师业务精通，但英语不够流利。

D. 李老师业务精通，但法语不够流利。

E. 如果李老师的英语不够流利或者法语不够流利的话，那么他的业务也不精通。

解析：

8. 罪犯肯定是甲、乙、丙三人中的一个人。乙没有作案时间，可以排除；丙不掌握作案手段，也可以排除；因此可以断定，甲一定是罪犯。

以下哪一项与上面的推理方法相同?

A. 三个苹果三个人分，小刚拿了一个，小明拿了一个，剩下的一个自然就是小勇的了。

B. 王群或者是围棋协会的成员，或者是桥牌协会的成员，或者是象棋协会的成员。既然王群既是桥牌协会的成员，又是象棋协会的成员，那他肯定就不是围棋协会的成员。

C. 人的正确思想或者是从天上掉下来的，或者是人的头脑中固有的，或者是从实践中来得。人的正确思想既不是从天上掉下来的，也不是人的头脑中固有的，所以只能是从实践中得来的。

D. 小李既在单位上班，又到外面打工，还搞股票买卖。上班可以拿到工资，打工可以拿到劳务费，所以他炒股票有资金上的保障。

E. 小张在上班的路上碰到了同事小钱、小余和小贾。他没有和小余说话，也没有和小贾说话，所以他一定和小钱说了话。

解析：

9. 开学第一节课，老师对学生说："只要认真学习且方法得当，'逻辑思维训练'这门课程就不会不及格。"学期结束，某同学这门课程不及格。

如果上述断定是真的，则以下哪个选项也一定是真的？

A. 这个同学学习既不认真，学习方法也不得当。

B. 这个同学学习不认真，但学习方法得当。

C. 这个同学学习是认真的，但学习方法不得当，

D. 如果这个同学不及格的原因是学习不认真，那么方法不得当不会是原因。

E. 如果这个同学学习是认真的，那么，造成他挂科的原因一定是方法不得当。

解析：

10. 某公司确定商务谈判代表人选。公司甲、乙、丙三位老总的意见分别是：

甲：假如不选派张经理，那么不选派李经理。

乙：假如不选派李经理，那么选派张经理。

丙：要么选派张经理，要么选派李经理。

在下列选项中，甲、乙、丙三人能同时满意的方案是：

A. 选派张经理，不选派李经理。

B. 选派李经理，不选派张经理。

C. 张经理与李经理都选派。

D. 张经理与李经理都不选派。

E. 不存在此种方案。

解析：

11. 甲、乙、丙三个同学去参加学校冬季田径运动会。田赛有跳高、跳远、铅球三个项目，每人只参加一项。张三、李四、王五分别做了以下猜测：

张三：甲参加了跳高比赛，乙参加了跳远比赛。

李四：丙没参加跳远比赛，乙参加了跳高比赛。

王五：甲没参加跳高比赛，乙参加了铅球比赛。

如果他们各自的猜测恰好一半正确，一半不正确，请你分析甲、乙、丙三个同学分别参加了哪项比赛。

解析：

12. （2002MPA 联考题）某一城市有两大支柱产业：传统手工业和旅游业。发展传统手工业将不可避免地导致环境污染，从而破坏生态环境，但良好的生态环境又是发展旅游业的必要条件。

以下哪项能作为结论从上述断定中推出？

A. 市政府应大力加强对生态环境的保护。

B. 这城市无法同时发展传统的手工业和旅游业。

C. 应该用其他产业代替传统手工业和旅游业。

D. 这城市经济收入主要靠传统手工业。

E. 如果生态环境破坏了，传统手工业就不能发展。

解析：

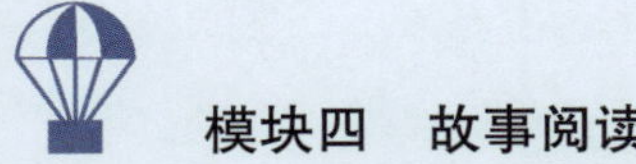

模块四 故事阅读

一磅肉的故事

莎士比亚早期的重要作品《威尼斯商人》讲述了这样一个故事：威尼斯富商安东尼奥向来宽厚正直，为人仗义。而犹太人夏洛克卑鄙吝啬，心狠手辣，一向靠收取高额的高利贷利息敛财。所以他不满安东尼奥从不收取利息的做法，认为安东尼奥妨碍自己更好地敛财。而安东尼奥也看不惯夏洛克的做法，也曾经羞辱过夏洛克，两人因此结仇。夏洛克一直怀恨在心，发誓一定要报复。为了成全好友巴萨尼奥的婚事，在没有其他办法的情况下，安东尼奥不得已向夏洛克借债。夏洛克不要利息，但若逾期不还，要从安东尼奥身上割下一磅肉。由于安东尼奥的商船失事未能偿还向夏洛克借的款项，被夏洛克告上法庭。按合约规定，安东尼奥只能从身上割下一磅肉给夏洛克。最后巴萨尼奥的未婚妻鲍西娅假扮律师出庭。鲍西亚是一个非常有才华的女子（项目四的案例中提到鲍西亚通过金、银、铅三个盒子选择夫婿的故事，她的未婚夫巴萨尼奥就是以这样的方式选中的）。在法庭上，聪明的鲍西亚答应夏洛克可以割取安东尼奥的一磅肉，但割的一磅肉必须正好是一磅肉，既不能多也不能少，更不准流一滴血，否则按合约他的土地财产要全部充公。由于割下的恰好是一磅肉且不流一滴血的要求几乎无法做到，夏洛克因无法执行而败诉，从而使安东尼奥获救。夏洛克想置安东尼奥于死地的阴谋未能得逞。

“一磅肉”的故事，情节环环相扣，内容跌宕起伏，悬念丛生，引人入胜，在法庭审判时戏剧的冲突达到高潮。从逻辑学的角度分析，安东尼奥之所以胜诉，是因为鲍西亚在判决中通过对“一磅肉”的内涵和外延做了严格规定，并用一个联言判断（命题）“既不能多，也不能少且不能流一滴血”来要求夏洛克割取一磅肉。联言命题推理规则告诉我们，要使联言命题为真，联言支都要真。显然，要使三个联言支同时为真，几乎是无法做到的，夏洛克败诉也就是必然的。

模块五　学习小结

学习体会

评价内容	评价人	成　绩				
		优秀	良好	中等	及格	不及格
自我学习	自评					
团队学习	组长					
课堂表现	教师					
实战演练	教师					
综　　合	教师					

项目三　推理思维

任务一　直言三段论推理思维

【学习目标】

- 认识什么是直言三段论的推理。
- 掌握直言三段论的基本推理规则。
- 能解决一些相关的逻辑思维问题。

模块一　自学空间

学习内容：三段论演绎推理及结构、三段论演绎推理规则

自学途径：查阅相关书籍或通过相关网络平台学习

自学笔记

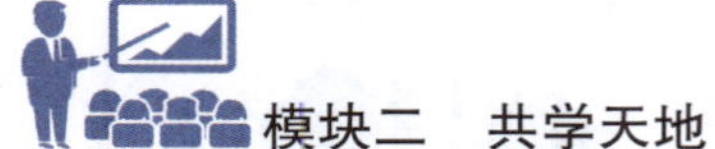

模块二　共学天地

案例 3.1　戴大宾对对联

戴大宾（1489—1509），明代探花，翰林院编修。字宾仲、寅仲。福建莆田（今荔城区新度镇塘东）人。他从小勤奋好学，聪明过人，三岁就学背诗文，五岁便能吟诗作文，尤善联诗作对，被称为神童。有关他的传说在民间广为流传。

有这样一则故事：一次，一个显贵想看看年幼的戴大宾是否名副其实，便出对考他，显贵首先出对："月圆。"戴大宾随即对道："风扁。"显贵嘲笑道"月自然是圆的，风如何是扁的呢?"戴大宾答道："风见缝就钻，不扁怎么行?"显贵又出对道："风鸣。"戴大宾从容对道："牛舞。"显贵又讥笑道："牛如何能舞?"戴大宾笑道："《尚书·虞书·益谡》"上说："击石拊石，百兽率舞，牛亦属百兽之列，如何不能舞?"显贵俯首叹服。显贵之所以叹服，不仅因为戴大宾小小年纪，才思敏捷，能很快对出工整的下联，关键是他还能引经据典，完美解释自己所对下联的意思。

请你用逻辑学的相关知识，分析戴大宾用什么样的方法解释自己所对下联。

知识点一　推理的含义及其分类

在逻辑学中，推理就是由一个或几个已知的命题（判断）推出新命题（判断）的一种思维形式。

除了前面任务中的直言命题推理、假言命题推理、联言命题推理、选言命题推理等推理方式外，这里所讲的推理主要指演绎推理、归纳推理和类比推理。而直言三段论推理是演绎推理的主要形式，数学中的定理、命题证明，采用的主要方法就是由一系列三段论构成的演绎推理。

知识点二　演绎推理

演绎推理：演绎推理是从一般性、普遍性的原理推出特殊的、个别性结论的推理。其中，直言三段论是演绎推理的主要形式。

知识点三　直言三段论的公理

所谓公理，就是经过人们长期实践检验、不需要去证明同时也无法证明而被人们公认的客观规律。如欧几里得几何中"平面内过两点有且只有一条直线"就是一条数学公理。逻辑学中，三段论的公理是：

- **对一类事物全部有所肯定，就是对该类事物的部分也有所肯定（见图 3－1）；**
- **对一类事物的全部有所否定，就是对该类事物的部分也有所否定（见图 3－2）。**

知识点四　直言三段论推理的结构

直言三段论就是以包括一个共同概念的两个直言命题作为前提推出一个新的直言命题作为结论的演绎推理形式。具体来说，就是通过一个共同概念把两个直言命题联结起来，并以这两个直言命题为前提，推出一个新的直言命题。因为三段论的前提和结论都是直言命题，所以三段论通常被称为直言三段论推理或直言三段论。对应直言三段论公理，其基本结构（第一格）为：

1. 所有的 M 是 P（大前提）

所有的 S 是 M（小前提）

所以，所有的 S 是 P（结论）

2. 所有的 M 都不是 P（大前提）

所有的 S 是 M（小前提）

所以，所有的 S 都不是 P（结论）

我们把大前提和结论中的谓项 P 叫大项，小前提和结论中的主项 S 叫小项，前提中出现两次的 M 叫中项，M 分别是大前提的主项，小前提的谓项。只要大前提和小前提是真命题，那么结论就一定是真命题。

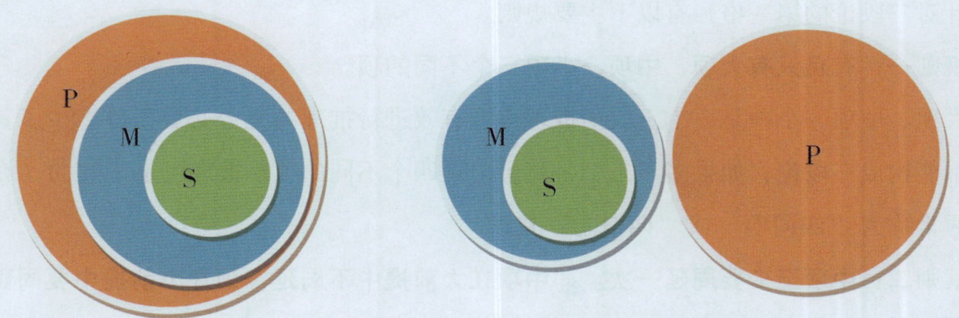

图 3－1　直言三段论第一格（1）推理图示　　图 3－2　直言三段论第一格（2）推理图示

例如：

所有的正偶数都是自然数（大前提）

6 是正偶数（小前提）

所以，6 是自然数（结论）

这是一个直言三段论的基本推理形式。其中，“自然数”是大项，“6”是小项，前提中两次出现的“偶数”是中项。显然，这个推理是直言三段论的基本结构，结论是必然的。

以上结构是三段论的基本格式（第一格），在这一格式中，中项分别是大前提的主项和小前提的谓项。这一格体现了从一般到个别、从普遍到特殊的典型的演绎推理过程，可以有效地验证某一结论的真实性，易于人们接受，因此广泛运用于数学证明、司法审判等领域。

根据中项所处的位置（主项、谓项）不同，三段论还有另外三种格式，本书不作介绍。

从逻辑结构来说，演绎推理是从一般性（普遍性）的原理，推出个别性结论的推理过程。

知识点五　直言三段论的省略形式。

完整的直言三段论由大前提、小前提和结论构成，但是在实际运用中，却不一定也没有必要每次都把三段论的大前提、小前提和结论一一列举出来。尤其是在特定的语境中，往往会省略其中的一部分，就可以进行简洁、有效的证明、思维、表达或交流。这在数学证明中更为常见。数学证明中，大前提往往是公理、定义、已证明过的定理等，没有必要在每个三段论中都列举出来，因此可以省略。

知识点六　直言三段论推理的主要规则。

针对三段论的第一格，有以下主要规则。

规则一：有且只有大项、中项、小项三个不同的项。

大项、中项、小项是一个三段论推理得以有效进行推理的充分必要条件。少了其中一项，不能构成三段论；如果多于三个，就会出现四个不同的项，推理也是无效的（在逻辑学中通常称为“四词项”或“四概念”错误）。

规则二：中项至少要周延一次。即中项在大前提中不周延，则在小前提中要周延；中项在小前提中不周延，则在大前提中必须周延。

如果中项在大前提和小前提中都不周延，即其外延的范围不确定，那么大项与中项就只能在一部分外延上发生联系；而中项与小项也只是在一部分外延上发生联系。如果发生联系的两部分是完全不同的，或者只有一部分相同，就无法推出必然结果。

对于三段论第一格而言，按照规则二，由于中项在小前提中（小前提的谓项）不周延（周延情况参见项目二任务一知识点6：直言命题中概念的周延性），那么必须在大前提里周延。这就要求中项在大前提中（大前提的主项）必须周延，也就意味着大前提必须是全称的。因此，对于本书所介绍的三段论的第一格，大前提是全称的（可以是全称肯定，也可以是全称否定），而小前提必须是肯定。

规则三：前提中不周延的词项，结论中不得周延。

三段论是一种演绎推理，其前提的真要保证结论的真，因此结论所断定的就不能超出前提所断定的。具体就周延问题来说，如果一个词项在前提中不周延，但在结论中周延了，即结论所断定的超出了前提所断定的，结论就不能由前提来保证，就有可能出现前提真而结论假的情况，整个推理是无效的。因此，在三段论推理中，前提中不周延的词项，在结论中不得周延，否则就会犯“周延不当”的逻辑错误。

当然，在推理规则正确的情况下，并不能保证结论正确。要使结论正确，还必须同时要求大前提、小前提为真命题。否则会出现推理符合逻辑，但结论不正确的情况。

小组讨论：学习了相关知识后，分小组对本任务的案例 3.1《戴大宾对对联》进行分析讨论。

你的分析：

模块三　实战演练

请你根据三段论推理的相关知识，解决以下问题：

1. 以下都是三段论的省略式，请你把它们补充成完整的三段论演绎推理形式。

（1）杨振宁是物理学家，所以杨振宁是科学家。

（2）铜是金属，所以铜是导电的。

（3）每个共产党员都必须遵守党的章程，履行党员义务，所以我必须遵守党的章程，履行党员义务。

（4）凡是周末天气晴朗，我都会去爬西山，今天是周末，天气晴朗。

解析：

2. 冬季的某一天，张三要开车从昆明到昭通办事。为确保安全，当高速公路结冰时，交警都要对其进行封闭，禁止通行。由于刚下过雪，当天出行之前，张三向相关机构咨询道路通行情况，得到的答复是：“今天昆明到昭通高速公路结冰了。”

你从答复中能得出什么结论？请你用完整的推理形式予以呈现。

解析：

3. 以下是三角形内角和等于180°的证明：

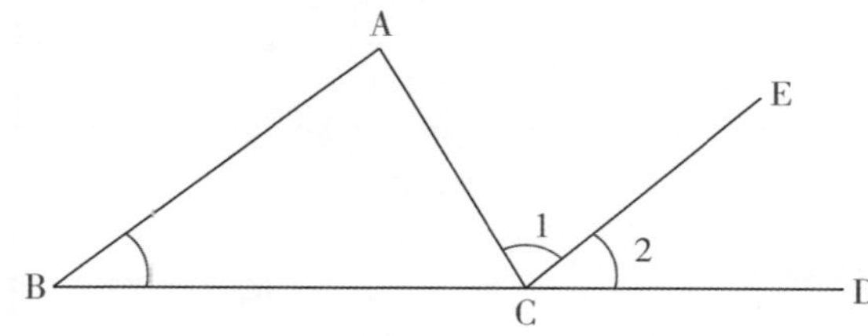

证明：如图，作任意△ABC 的 BC 边上的延长线 CD，过 C 点作 CE∥AB。

则∠A = ∠1，

∠B = ∠2

∴ ∠A + ∠B + ∠C = ∠C + ∠1 + ∠2

又∵ ∠C + ∠1 + ∠2 = 180°

∴ ∠A + ∠B + ∠C = 180°

即三角形的内角和等于 180°

整个证明过程由一系列三段论演绎推理构成，但证明过程的三段论都是省略式的。请你把各省略的三段论演绎推理补充成完整的三段论推理。

解析：

4. 分析下面推理的逻辑错误。

（1）鲁迅的著作不是一天能读完的，《狂人日记》是鲁迅的著作，因此，《狂人日记》不是一天能读完的。

解析：

（2）中国人是勤劳勇敢的，我是中国人，所以我是勤劳勇敢的。

解析：

5. 一次辩论会上，正方为了说服反方，便说："我们应该辩证地看问题，辩证法是伟大的马克思主义哲学的灵魂啊。"反方立即抓住正方这个观点表述上的漏洞，反驳道："是吗？黑格尔也是西方所公认的辩证法大师，根据正方的观点，是不是可以认为黑格尔的辩证法也是马克思主义哲学的灵魂呢？"正方辩手哑口无言。如果你是正方辩手，你将怎样进行反击？

解析：

6. 英语课上，老师强调了学习英语的重要性，要求同学们学好英语。某同学不想学习英语，并提出了理由：所有出国留学的人都要学好英语，我不想出国留学，所以我不必学好英语。

请你从逻辑学的观点分析该同学所提理由是否成立。

分析：

7. （2008 年安徽公务员考试试题）有些“台独分子”论证说：凡属中华人民共和国政府管辖的都是中国人，台湾人现在不受中华人民共和国政府管辖，所以，台湾人不是中国人。以下哪一个推理明显说明上述论证不成立？

A. 所有成功人士都要穿衣吃饭，我现在不是成功人士，所以，我不必穿衣吃饭。

B. 商品都有使用价值，空气当然有使用价值，所以，空气当然是商品。

C. 所有技术骨干都刻苦学习，小张是技术骨干，所以，小张是刻苦学习的人。

D. 犯罪行为都是违法行为，违法行为都应受到社会的谴责，所以，所有犯罪行为都应受到社会的谴责。

解析：

8.（2002 年 MPA 联考试题）如果你在 2002 年购买联想电脑，则一定安装了 Windows XP 操作系统。

这一断定可以由以下哪个选项得出？

A. 只有 2002 年购买的联想电脑才安装 Windows XP 操作系统。

B. 2002 年市场上的联想电脑都是 2001 年生产的。

C. 2002 年以前市场上的联想电脑不安装 Windows XP 操作系统。

D. 2002 年市场上的所有电脑都安装 Windows XP 操作系统。

E. Windows XP 操作系统在 2001 年已经开发出来了。

分析：

9.《伊索寓言》中有这样一段文字：有一只狗习惯于吃鸡蛋，久而久之，它认为“一切鸡蛋都是圆的”。有一次，它看见一个圆圆的海螺，以为是鸡蛋，于是张开大嘴，一口就把海螺吞下肚去，结果肚子痛得直打滚。

狗误吃海螺是依据下述哪项判断？

A. 所有圆的都是鸡蛋。

B. 有些圆的是鸡蛋。

C. 有些鸡蛋是圆的。

D. 所有鸡蛋都是圆的。

E. 有些圆的不是鸡蛋。

分析：

10. 某校相关部门对校内学生体育运动爱好者一项调查中的若干结论：所有桥牌爱好者都爱好围棋；有些围棋爱好者爱好武术；所有武术爱好者都不爱好健身操；有些桥牌爱好者同时爱好健身操。

如果上述结论都是真的，那么以下哪项必定为假？

A. 所有围棋爱好者也都爱好桥牌。

B. 有的桥牌爱好者爱好武术。

C. 健身操爱好者都爱好围棋。

D. 有的桥牌爱好者不爱好健身操。

E. 围棋爱好者都爱好健身操。

分析：

11. 人们常常对律师真诚地为罪犯辩护怀有疑问。律师回应："这样做是为了维护法律赋予被告的合法权利，这对于实施法律公正是必不可少的。"

从律师的回应中能得出哪项结论？

（1）被告即使是真正的罪犯，也拥有法律赋予的合法权利。

（2）只要维护被告，包括真正的罪犯的合法权利，就能保证实施法律的公正。

（3）如果剥夺那些明显是罪犯的被告的一切权利，那么就不能保证实施法律的公正。

A. （1）、（2）和（3）。

B. 只有（1）。

C. 只有（1）和（3）。

D. 只有（2）和（3）。

E. 只有（1）和（2）。

分析：

模块四　故事阅读

萧伯纳与富翁

萧伯纳（1856. 7. 26—1950. 11. 2），爱尔兰剧作家。英国现代杰出的现实主义戏剧作家，是世界著名的擅长幽默与讽刺的语言大师。

一次晚会上，萧伯纳正在专心思考问题时，旁边有位富翁挑逗他说：“先生，如果你能告诉我你在想什么，我愿付一美元给你。”萧伯纳对这位富翁傲慢无礼的打扰很厌烦，就回答他说：“其实，我想的东西并不值一美元。”富翁有些好奇，就问：“那你到底在想些什么呢？”萧伯纳笑着答道：“我正在想你。”这让富翁显得非常尴尬。

萧伯纳的回答包含着如下的三段论推理：

我想的东西不值一美元（大前提），

你是我想的东西（小前提），

所以，你不值一美元（结论）。

萧伯纳把所想的告诉了富翁，按富翁的许诺，他是否该付一美元给萧伯纳呢？不付吧，自己言而无信；付吧，自己最多值一美元。富翁陷入了两难境地，真是自讨没趣，只好灰溜溜地离开。

模块五　课后反思

学习体会

评价内容	评价人	成　绩				
		优秀	良好	中等	及格	不及格
自我学习	自评					
团队学习	组长					
课堂表现	教师					
实战演练	教师					
综　　合	教师					

任务二　归纳推理思维

【学习目标】

- 认识什么是归纳推理。
- 熟悉归纳的推理规则。
- 能用所学知识解决相关问题。

模块一　自学空间

学习内容：完全归纳推理，不完全归纳推理 ，简单枚举法

自学途径：查阅相关书籍或通过相关网络平台学习

自学笔记

自学笔记

模块二　共学天地

案例 3.2　王安石与苏学士

王安石与苏轼都是北宋著名的政治家、文学家，两人都是“唐宋八大家”的成员。在冯梦龙编的《警世通言》中，有一篇叫《王安石三难苏学士》，其中写的是王安石与苏东坡（苏轼）的几个小故事，其中一则是这样的：

有一天，苏东坡去看望宰相王安石，恰好王安石出去了。苏东坡在王安石的书桌上看到一首咏菊诗的草稿，才写了开头两句；

“西风昨夜过园林，吹落黄花满地金。”

苏东坡心想：“西风”就是秋风，“黄花”就是菊花，菊花耐寒、耐久，敢与秋霜斗，怎么会被秋风吹落呢？说西风“吹落黄花满地金”肯定是错了。这个平素恃才傲物、目中无人、年轻气盛的翰林学士，也不管王安石是他的前辈和上级，提起笔来，续诗两句：

“秋花不比春花落，说与诗人仔细吟。”

王安石回来以后，看了这两句续诗，心里很不是滋味，但也没有直接说破。后来苏东坡被贬黄州。有一年重阳节赏菊，这一天大风刚停，苏东坡邀请好友陈季常到后园赏菊。只见菊花纷纷落瓣，满地铺金。这时他想起给王安石续诗的往事，才知道原来是自己错了。

苏轼根据自己以往所见过的菊花都只有枯萎而没有随风飘落的情况为前提，归纳出菊花不会被风吹落的结论，认为秋风“吹落黄花满地金”是不会发生的。事实证明，苏轼的看法是错的。请你从逻辑学的观点分析一下，苏轼采用了什么样的思维形式得出不会发生秋风“吹落黄花满地金”这一结论，这一思维犯了什么样的错误？

知识点一　归纳推理思维

所谓归纳推理，是指以某类思维对象中的一部分或全部对象具有或不具有某属性为前提，推出该类全部对象也具有或不具有某属性的结论的推理，就是归纳推理。如果说演绎推理是从一般性（普遍性）的原理推出个别性的情况，那么归纳推理则是从个别性的经验推出一般性（普遍性）原理的思维形式。归纳推理分为完全归纳推理和不完全归纳推理。

知识点二　完全归纳推理思维

所谓完全归纳推理是指通过考察一类事物的每个个体都具有同一种属性，然后推出该类事物都具有这种属性的思维形式。

知识点三　完全归纳推理思维的逻辑形式

完全归纳推理思维的逻辑形式可表述如下：

S_1 具有（或不具有）P 属性；

S_2 具有（或不具有）P 属性；

S_3 具有（或不具有）P 属性；

……

S_n 具有（或不具有）P 属性；

并且 S_1，S_2，S_3，…，S_n 是 S 类的全部个体；

所以，所有的 S 都具有（或不具有）P 属性。

由于完全归纳推理穷尽了一类事物的所有个体都具有共同的属性，所以，完全归纳推理的结论是可靠、有效的，是一种必然推理。数学证明中的数学归纳法也是一种完全归纳推理。

知识点四　不完全归纳推理思维

不完全归纳推理思维是指考察一类事物的部分对象具有（或不具有某种属性，然后得出该类事物都具有（或不具有）这种属性的结论的思维形式。简单枚举法是不完全归纳推理常用形式。

由于不完全归纳推理没有穷尽一类事物的所有个体，因此一般来说，不完全归纳推理思维结论是不确定的，往往只是获得一个猜想，是一种或然推理。也就是说结论是真是假，需要其他方式进行论证或验证。一般来说，断定不完全归纳推理（简单枚举法）的结论为假，只需找出一个反例即可，但要断定结论为真，需要用其他方式，如通过完全归纳推理或演绎推理等方式进行严格证明方可。

虽然不完全归纳推理的结论不一定正确，但它却是一种重要的思维形式。在人类认识世界的过程中，特别是在自然科学的各个领域，许多客观规律，往往是观察到一类事物共有的现象，通过不完全归纳推理思维，猜想得出一般性的结论后再进行验证，是探索真理的一种重要方式。

用不完全归纳推理推出一般性的结论，往往会犯“以偏概全”“概括不当”或“轻率概括”等逻辑错误。学习归纳推理的相关知识，不仅能够提高我们的逻辑思维能力，也能提高我们科学归纳、概括、提炼、总结等能力。

小组讨论：通过以上学习，分小组对本任务的案例 3.2《王安石与苏学士》分析讨论。

你的分析：……………………………………………………

……………………………………………………………………

模块三　实战演练

根据所学知识，解决以下问题：

1. 在人类的发展历程中，很多科学原理、自然规律的发现，包括人们对日常生活、自然现象的一些经验总结、民间谚语（如“瑞雪兆丰年”“燕子低飞要下雨”“天下乌鸦一般黑”）等等都体现了归纳推理思维。请你结合自己所见所闻及认知，列举若干你所知道的归纳推理思维的例子。

解析：

2. 袋子里都是球？

我国著名数学家华罗庚写的《数学归纳法》一书中，举过这样一个例子：

从一个袋子里摸出来的第一个是红玻璃球，第二个是红玻璃球，甚至第三个、第四个、第五个都是红玻璃球的时候，我们立刻会出现一种猜想：“是不是这个袋里的东西全部都是红玻璃球？”但是，当我们有一次摸出一个白玻璃球的时候，这个猜想失败了。这时，我们会出现另一种猜想：“是不是袋里的东西全都是玻璃球？”但是，当有一次摸出来的是一个木球的时候，这个猜想又失败了。那时，我们又会出现第三个猜想：“是不是袋里的东西都是球？”这个猜想对不对，还必须继续加以检验，要把袋里的东西全部摸出来，才能见个分晓。

请问：华罗庚举的这个例子说明了一个什么逻辑问题？

解析：

3. 一个装满东西的袋子，第一个人从袋里摸出三个东西，全部都是红色的木球。第二个人从袋子里摸出三个东西，全部都是红色的玻璃球。第三个人从袋子里摸出三个东西，全部都是红色石球。对于袋子里剩下的东西，他们没有继续往下摸。

对于袋子里的东西，下列哪项说法比较准确？

A. 袋子里的东西全部都是红色的球。

B. 袋子里的东西全部都是球。

C. 除了红色的球以外，袋子里没有其他东西。

D. 袋子里的东西可能都是红色的球。

解析：

4. 学校冬季田径运动会报名结束，统计表明，某班有学生报名参加了全部田赛项目，也有学生报名参加了全部竞赛类项目。由此可以判断以下哪些结论为真？

A. 该班有学生报名参加了全部田径项目。

B. 每个田径项目都有该班学生报名参加。

C. 有一个田径项目，报名参加的该班学生不止一个。

D. 该班有学生只报名参加竞赛类项目。

解析：

5. 请看以下两个案例：

（1）哥德巴赫猜想

以下是关于素数的推理：

4 = 2 + 2

6 = 3 + 3；

8 = 3 + 5；

10 = 3 + 7；

12 = 5 + 7

14 = 3 + 11

……

4、6、8、10、12、14……是大于2的偶数，2、3、5、7、11等都是素数。

所以，所有不小于4的偶数都可以表示为两个素数之和。

这个结论就是代号为"1 + 1"的著名的哥德巴赫猜想。有的数学家把哥德巴赫猜想比喻为"数学王冠上的明珠"。从哥德巴赫提出这个猜想后，许多数学家都跃跃欲试，甚至一生都致力于证明哥德巴赫猜想，但最终还是未能证明。我国数学家陈景润证明了代号为"1 + 2"的结论，是最接近哥德巴赫猜想的成果。

从4 = 2 + 2、6 = 3 + 3、8 = 3 + 5、10 = 3 + 7、……、100 = 3 + 97 = 11 + 89 = 17 + 83、……这些具体的例子中，可以看出哥德巴赫猜想都是成立的。有人甚至逐一验证了3300万以内的所有偶数，竟然没有一个不符合哥德巴赫猜想的。20世纪，随着计算机技术的发展，数学家们发现哥德巴赫猜想对于更大的数依然成立。可是自然数是无限的，素数的个数也是无限的，猜想是否成立，还有待数学家们去证明。

（2）聪明的高斯

高斯是德国著名的数学家，被认为是世界上最重要的数学家之一，有"数学王子"的美誉。据说大约在他10岁的时候，有一天上算术课，老师给出了一道题：

$1+2+3+4+\cdots\cdots100=?$

看着同学们埋头计算，老师以为同学们要算出结果，恐怕需要一段时间，自己可以休息一下。没想到几秒后，高斯就给出了结果，答案是5050。老师大吃一惊，因为其他同学还在一个一个加起来计算，还得花很长时间。

高斯是怎样计算的呢？他发现，把1到100依次首尾两项相加，结果都是101，即$1+100=101$，$2+99=101$，$3+98=101$，……，这样的结果刚好有50对，所以“$1+2+3+4+\cdots\cdots+100=101\times50=5050$”。

请你分析以上两个案例中，哥德巴赫猜想和高斯的计算方法分别用了什么样的推理方式，两个推理方式有什么区别？

解析：

6. 根据下面的论述，你可以得出什么结论？采用了什么样的推理方式？

用锯锯物，锯会发热。用锉锉物，锉会发热。在石头上磨刀，刀会发热。用枪射击，枪膛也会发热。

分析：

7. 甲、乙、丙三人对恐龙灭绝的原因有不同的看法，他们进行了如下争论：

甲：恐龙灭绝的原因是，全球性的气候巨变极大地减少了以前丰富的食物来源。

乙：不对，恐龙的灭绝是由于出现了新的动物家族——哺乳动物。哺乳动物繁殖迅速，动作敏捷，生存力极强，成为与恐龙争夺食物的致命对手。

丙：曾经发生过行星撞击地球的事件，引起烟雾遮日达数十年之久，大量的作为恐龙食物的植物相继死亡才是恐龙灭绝的原因。

以下哪项最为恰当地概括了三人的意见，为什么？

A. 三人都同意气候的变化引起了恐龙食物的短缺，但在食物短缺如何造成恐龙灭绝的问题上有不同的看法。

B. 三人都同意巨大的气候变化造成了恐龙的灭绝，但对气候巨变的原因有不同的解释。

C. 三人都同意饥饿是引起恐龙灭绝的原因，但对引起食物短缺的原因有不同的意见。

D. 三人都认为恐龙的生存竞争力极差，由此导致了它的灭绝。

E. 三人都认为恐龙灭绝是外星体作用地球的结果。

解析：

8. 一国丧失过量表土，需进口更多的粮食，这就增加了其他国家土壤的压力；一国大气污染，导致邻国受到酸雨的危害；二氧化碳排放过多，造成全球变暖、海平面上升，几乎可以危及所有的国家和地区。

下述哪项最能概括上文的主要观点？

A. 环境危机已影响到国与国之间的关系，可能引起国际争端。

B. 经济的快速发展必然导致环境污染的加剧，先污染、后治理是一条规律。

C. 在治理环境污染的问题上，发达国家愿意承担更多的责任和义务。

D. 环境问题已成为区域性、国际性问题，解决环境问题是人类面临的共同任务。

解析：

9. 猫在微弱光线中的视力比视力正常的人更好，狗比人类能听到频率更高的声音，鸭嘴兽能感受到人类通常感觉不到的微弱电信号……

请问以下哪项作为对上述陈述的结论最为恰当，为什么？

A. 所有动物的感觉能力均强于人类。

B. 某些动物有着区别于人类的感觉能力。

C. 在进化过程中，人类的眼睛和耳朵发生了改变，变得不那么敏锐了。

D. 人们不应该为鸭嘴兽等的感觉能力强于人类而感到吃惊。

解析：

10. 在大型游乐园里，现场表演是刻意用来引导人群流动的。午餐时间的表演是为了减轻公园餐厅的压力；傍晚时间的表演则有一个完全不同的目的：鼓励参观者留下来吃晚餐。表面上不同时间的表演有不同的目的，但这背后却有一个统一的潜在目标。即……

以下哪一项作为上面短文的结束语最为恰当？

A. 尽可能地减少各游览点的排队人数。

B. 吸引更多的人来看现场表演，以增加利润。

C. 在尽可能多的时间里最大限度地发挥餐厅的作用。

D. 最大限度地避免由于游客出入公园而引起交通堵塞。

E. 尽可能地招揽顾客，希望他们再来公园游览。

解析：

11. 观察下面四个图中前三个图给出的数字的规律，请你选择正确选项的数字填到第四个图的空白处。

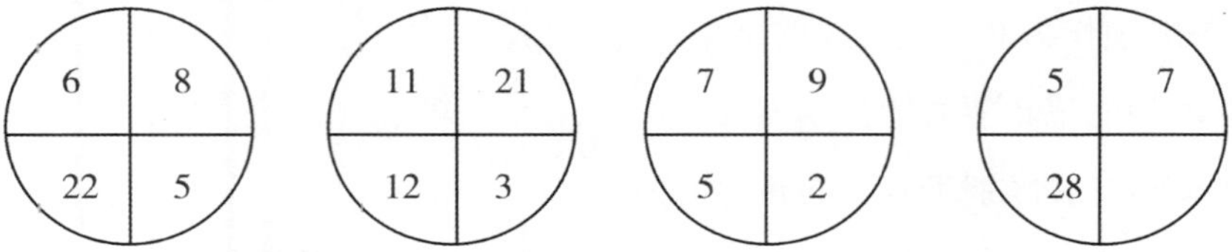

6	8		11	21		7	9		5	7
22	5		12	3		5	2		28	

A. 4　　B. 5　　C. 6　　D. 7

解析：

12. 观察下面两个数列前四项的特征和规律，并在括号内（第 5 项）填入恰当的数字：

（1）5，5，15，75，(　　　)，……

（2）2，6，12，20，(　　　)，……

解析：

13. 在学习了物体形态的相关知识后，小王认为“所有的金属都是固体”。

以下哪项最能反驳小王的论断？

A. 也许有的非金属是固体。

B. 可能有的金属不是固体。

C. 日常生活中还没有发现不是固体的金属。

D. 不是固体的金属不大可能是金属。

E. 水银是金属，但不是固体。

解析：

14. 某机构对国内吸烟情况做了调查，结果表明，最近三年来，中学生吸烟的人数在逐年下降。于是调查机构得出结论：吸烟的青少年人数在逐年减少。

下述如果哪项为真，则调查机构的结论最会受到质疑？

A. 近三年来，许多中学对学生加强了吸烟危害性的宣传教育。

B. 近三年来，反对吸烟的中学生在增加。

C. 许多吸烟的青少年不是中学生。

D. 由于国家提高了对烟草的税收，导致香烟涨价。

解析：

模块四　故事阅读

阿方斯·贝蒂荣——指纹鉴定之父

阿方斯·贝蒂荣（1853—1914），曾是巴黎警察机构罪犯识别部门的负责人。他发明了一种被称为人体测定学或“贝蒂荣识别法”的罪犯识别系统，又叫贝蒂荣法则。

1879 年，巴黎警察厅 20 多岁不起眼的档案管理员贝蒂荣厌倦了自己的工作，转而进行人体测量，他开始测量现役囚犯一些身体部位的11种数据——譬如左臂的长度（从肘部到中指尖）、两臂伸展的宽度、左手中指和小指的长度、左脚的长度、右耳的长度，脑袋的直径、长、宽度，坐高和站高，眼睛的颜色、身体的特征（如伤疤、痣等），正面、侧面的肖像，再加上右手的指纹等。用这种测量的结果去鉴别“谁是真凶”，据说，其误差率只有1/2.86亿。1883年2月，贝蒂荣利用人体测定法则成功识别出一名囚犯的前科身份。1884年，他鉴别了300名有前科的罪犯，而且也没有遇到两个测量资料完全相同的情况。于是法国人认为贝蒂荣法则是19世纪警务中最伟大的发明。这个发明不仅使法国也使全世界的辨真工作不再出错，由此贝蒂荣法则被认为是有效的。可是后来在一次鉴别中贝蒂荣却发现了两名人体测量法数据完全一样的囚犯。贝蒂荣法则失效了。

显然，贝蒂荣法则是用不完全归纳推理得出的结论，只要没有穷尽所有的考察对象，都属于不完全归纳法。这个故事告诉我们，不完全归纳推理是一种或然推理，其结论不是必然的。无论不符合结论规律的现象所发生的概率有多小，只要出现一个反例，都可以推翻结论。

模块五　课后反思

学习体会

评价内容	评价人	成　绩				
		优秀	良好	中等	及格	不及格
自我学习	自评					
团队学习	组长					
课堂表现	教师					
实战演练	教师					
综　　合	教师					

任务三　类比推理思维

【学习目标】

- 了解什么是类比推理。
- 熟悉类比推理的规则和方法。
- 能用所学知识解决相关逻辑思维问题。

模块一　自学空间

学习内容：类比推理

自学途径：查阅相关书籍或通过相关网络平台学习

自学笔记

自学笔记

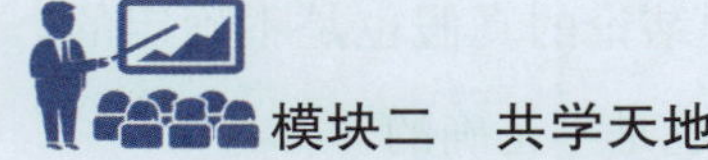

模块二　共学天地

案例 3.3　邹忌讽齐王纳谏

《邹忌讽齐王纳谏》（《战国策·齐策一》），讲述了战国时期齐国谋士邹忌劝说君主纳谏，使之广开言路、改良政治的故事：

邹忌修八尺有余，而形貌昳丽。朝服衣冠，窥镜，谓其妻曰："我孰与城北徐公美？"其妻曰："君美甚，徐公何能及君也？"城北徐公，齐国之美丽者也。忌不自信，而复问其妾曰："吾孰与徐公美？"妾曰："徐公何能及君也？"旦日，客从外来，与坐谈，问之客曰："吾与徐公孰美？"客曰："徐公不若君之美也。"明日徐公来，孰视之，自以为不如；窥镜而自视，又弗如远甚。暮寝而思之，曰："吾妻之美我者，私我也；妾之美我者，畏我也；客之美我者，欲有求于我也。"

于是入朝见威王，曰："臣诚知不如徐公美。臣之妻私臣，臣之妾畏臣，臣之客欲有求于臣，皆以美于徐公。今齐地方千里，百二十城，宫妇左右莫不私王，朝廷之臣莫不畏王，四境之内莫不有求于王：由此观之，王之蔽甚矣。"

王曰："善。"乃下令："群臣吏民能面刺寡人之过者，受上赏；上书谏寡人者，受中赏；能谤讥于市朝，闻寡人之耳者，受下赏。"令初下，群臣进谏，门庭若市；数月之后，时时而间进；期年之后，虽欲言，无可进者。燕、赵、韩、魏闻之，皆朝于齐。此所谓战胜于朝廷（摘自人教版《语文》九年级下册）。

请你用逻辑学的相关知识分析邹忌采用什么样的方式向齐王进谏，并成功地使齐王采纳自己的意见。

知识点一　类比推理思维

类比推理思维是指根据两个或者两类事物对象之间在某些属性上相同或者相似，然后推出他们在其他属性上也相同或者相似的思维形式。

知识点二　类比推理思维的逻辑形式

类比推理思维的逻辑形式可表述如下：

对象 A 具有属性 a、b、c、d；

对象 B 具有属性 a′、b′、c′；

其中，a′、b′、c′分别是和 a、b、c 相同或者相似的属性；

所以，对象 B 具有属性 d′（d′是和 d 相同或者相似的属性）。

从逻辑形式来看，类比推理和演绎推理、归纳推理不同，类比推理思维是从一般到一般或从个别到个别的思维。与不完全归纳推理类似，类比推理结论的真假也是不确定的，也是一种或然推理。如果能断定类比的前提不正确，结论一般也是不正确的。

虽然类比推理的结论不一定正确，但也是人们认识客观规律的重要思维方式。如鲁班从草叶划破手指受到启发，发明了锯子；牛顿从苹果落地联想到了万有引力定律；阿基米德从浴缸溢水想到浮力定律等等，很多客观规律，都是通过类比发现的。

小组讨论：根据以上知识，分小组对案例 3.3《邹忌讽齐王纳谏》进行分析讨论。

你的分析：

模块三　实战演练

根据类比推理的相关知识，解决以下问题。

1. 大双和小双是孪生兄弟，刚上小学一年级，一次，父亲带他们去水库游玩，看到了野鸭子。根据各自看到的情况，大双说："野鸭子吃小鱼。"小双说："野鸭子吃小虾。"哥俩各执一词，为此争论起来，非要爸爸给评评理。爸爸知道他俩说的都不错，但没有直接回答他们的问题，而是用例子来进行比喻。说完后，哥俩都服气了。

以下哪项最可能是爸爸讲给儿子们听的话，为什么？

A. 一个人的爱好是会变化的。爸爸小时候很爱吃糖，你奶奶管也管不住。到现在，你让我吃我也不吃了。

B. 什么事都有两面性。咱们家养了猫，耗子就没了。但是，如果猫身上长了跳蚤，那也是很讨厌的。

C. 动物有时也通人性。有时主人喂它某种饲料吃得很好，若是陌生人喂，怎么也不吃。

D. 你们兄弟俩的爱好几乎一样，只是对饮料的爱好不同。一个喜欢喝可乐，一个喜欢喝雪碧。你妈妈就不在乎，可乐、雪碧都行。

E. 野鸭子和家里饲养的鸭子是有区别的。虽然人工饲养的鸭子是由野鸭子进化来的，但据说有几千年了。

解析：

2. 分析下面的推理是什么形式的推理，结论是否正确，为什么？

太阳是上帝创造用以照亮地球的。我们总是移动火把去照亮房子，决不会为了照亮房子而移动房子去就火把。因此，太阳围绕地球转，不是地球围绕太阳转。

解析：

3. 美国国家航空航天局（NASA）的美国天文学家正式宣布，他们发现了太阳系外的两颗小行星，与人类已知的其他行星相比，这两颗新行星与地球有更多共同点，如它们都是球形的，都围绕某个恒星运转，它们的表面由岩石或者冰层构成。既然地球上有生物存在，因此，这两颗行星也可能有生物存在。

以下哪项为真，最能削弱上述结论的可靠性？

A. 地球和这两颗行星的大小不同。

B. 这两颗行星上没有能生成有机物的物质存在。

C. 地球和这两颗行星生成的时间不同。

D. 这两颗星星距地球很远，不可能有生物存在。

解析：

4. 国家公务员考试中的行政职业能力测验科目中有这样的类比推理题型：给出一相关的词，要求通过观察分析，在备选答案中找出一组与之在逻辑关系上最为贴近或相似的词。解决这类问题的关键，就是要分析题干中给出的词组的词性、语义等特征，以及词与词之间的逻辑关系（如并列、包含、目的、因果等关系），再把各选项的词组与题干的词组进行类比，从而选择出最恰当的选项。

根据下列各题题干提供的词组，请在各选项中选择与题干逻辑关系最为贴近或相似的选项，并做简要分析：

（1）固若金汤：不堪一击

A. 指鹿为马：实事求是

B. 雪中送炭：锦上添花

C. 安居乐业：丰衣足食

D. 废寝忘食：发愤图强

解析：

（2）植物：授粉：结果

A. 米酒：发酵：保鲜

B. 绿茶：采摘：加工

C. 灯丝：导电：发光

D. 石油：加热：沉积

解析：

（3）设计：发放：问卷

A. 复制：修改：文字

B. 预习：复习：考试

C. 播放：快进：磁带

D. 制定：执行：政策

解析：

（4）书信：短信：微信

A. 电灯：电视：电脑

B. 扇子：电风扇：空调

C. 凉菜：热菜：主食

D. 传呼机：电话：手机

解析：

（5）轮船：海洋

A. 飞机：海洋

B. 海洋：鲸鱼

C. 海鸥：天空

D. 河流：芦苇

解析：

（6）围湖造田：饮鸩止渴

A. 卧薪尝胆：学以致用

B. 忍辱偷生：削足适履

C. 兢兢业业：刻苦奋进

D. 山穷水尽：柳暗花明

解析：

（7）人民币：美元：欧元

A. 海洋：海鸥：海滩

B. 贵州：杭州：常州

C. 兰花：牡丹：菊花

D. 宽恕：品性：诚信

解析：

（8）水滴石穿：绳锯木断

A. 暴殄天物：丧尽天良

B. 眼疾手快：兵强马壮

C. 积劳成疾：因噎废食

D. 人浮于事：人满为患

解析：

（9）粗茶：淡饭

A. 道听：途说

B. 见利：忘义

C. 四分：五裂

D. 丰功：伟绩

解析：

（10）破釜沉舟：项羽

A. 望梅止渴：袁绍

B. 陈桥兵变：赵括

C. 焚书坑儒：嬴政

D. 背水一战：韩当

解析：

5. 西汉刘向所著《晏子使楚》，讲述了春秋末期，齐国大夫晏子出使楚国的故事。楚王三次侮辱晏子，想显示楚国的威风。晏子针锋相对，巧妙回击，从而维护了自己和国家的尊严。原文如下：

晏子使楚。楚人以晏子短，为小门于大门之侧而延晏子。晏子不入，曰："使狗国者从狗门入，今臣使楚，不当从此门入。"傧者更道，从大门入。

见楚王。王曰："齐无人耶？使子为使。"晏子对曰："齐之临淄三百闾，张袂成阴，挥汗成雨，比肩继踵而在，何为无人？"王曰："然则何为使予？"晏子对曰："齐命使，各有所主：其贤者使使贤主，不肖者使使不肖主。婴最不肖，故宜使楚矣！"

晏子将使楚。楚王闻之，谓左右曰："晏婴，齐之习辞者也。今方来，吾欲辱之，何以也？"左右对曰："为其来也，臣请缚一人，过王而行，王曰：'何为者也？'对曰：'齐人也。'王曰：'何坐？'曰：'坐盗。'"晏子至，楚王赐晏子酒，酒酣，吏二缚一人诣王。王曰："缚者曷为者也？"对曰："齐人也，坐盗。"王视晏子曰："齐人固善盗乎？"晏子避席对曰："婴闻之，橘生淮南则为橘，生于淮北则为枳，叶徒相似，其实味不同。所以然者何？水土异也。今民生长于齐不盗，入楚则盗，得无楚之水土使民善盗耶？"王笑曰："圣人非所与熙也，寡人反取病焉。"

故事中晏子机智善辩的形象被刻画得入木三分，令人回味无穷。在与楚王三个回合的较量中，充分显示了晏子辩论、推理的逻辑力量。请你认真阅读原文，并用逻辑学的观点分析晏子在与楚王的较量中采用了什么样的逻辑方法？

解析：

6. 实验发现，少量口服某种类型的安定药物，可使人们在测谎器的测验中撒谎而不被发现。测谎器所产生的心理压力能够被这类安定药物有效地抑制，同时没有显著的副作用。因此，这类药物可同样有效地减少日常生活的心理压力而无明显的副作用。

以下哪项最可能是题干的论证所假设的？

A. 任何类型的安定药物都有抑制心理压力的效果。

B. 如果禁止测试者服用任何药物，测谎器有完全准确的测试结果。

C. 被测谎者所产生的心理压力与日常生活人们面临的心理压力类似。

D. 大多数药物都有副作用。

E. 越来越多的人在日常生活中面临日益加重的心理压力。

解析：

7. （2003 年 MPA 联考题）两个实验大棚里种上相同数量的黄瓜苗，在第一个大棚里施加镁盐但第二个不施加。第一个产出了 10 公斤黄瓜而第二个产出了 5 公斤黄瓜。由于除了水以外没有向大棚施加任何别的东西，第一个大棚较高的产量一定是由于镁盐。

以下哪项如果为真，最严重地削弱了上述论证？

A. 两个实验大棚的土壤里都有少量镁盐。

B. 第三个实验大棚施加了一种高氮肥料但没有加镁盐，产出了 7 公斤黄瓜。

C. 两个实验大棚的土质和日照量不同。

D. 两个实验大棚里还种植了其他蔬菜。

解析：

8. 电冰箱的问世引起了冰市场的需求量大大下降。以前人们用冰来保鲜食物，现在电冰箱替代了冰的作用。同样道理，由于生物工程的成果，研究出能抵抗害虫的农作物，则最有可能会引起以下哪个后果？

A. 化学农药的需求减少。

B. 增加种子的成本。

C. 增加农作物的产量。

D. 农田的价值下降。

E. 饲养家畜的农民数量下降。

解析：

模块四　故事阅读

庄子借粮

成语《涸辙之鲋》出自《庄子·外物》，讲述了庄子向监河侯借粮食的寓言故事，大意如下：

庄子家里很穷，快要断炊了，于是便向管理河道的官员监河侯去借粮。监河侯热情地接待了庄子，对庄子说："您先别着急，等我把老百姓欠我的租赋收上来后，我一定借给您，您看可以吗?"

庄子听了非常生气，脸色都变了，就对监河侯说："我昨天来时，在半路上听到有人喊救命，仔细一看，原来是在干涸的车辙中有条小鲋鱼在一边挣扎一边喊叫。我觉得很奇怪，便问它说：'你这个小鲋鱼，怎么跑到这儿来了?'鲋鱼流着泪对我说：'我本是东海之神的臣民，不幸来到这里，车辙里的水快要干了，请您救救我吧！只要给我一升半斗水就可以救活我了!'我听了之后对它说：'您不要着急，我一定会救您的。我现在就去南方，向吴王和越王游说，劝说他们开凿一条水渠，引来西江之水来救您，好吗?'

鲋鱼听了我的话，十分生气地说：'算了吧！我失掉了正常的生存条件，才向您求救的，我只要一点点的水就可以活命，而您却说出这样不切实际的话。照您这样说，您只有到卖干鱼的店铺里去找我吧!'"

庄子通过类比推理的方式，用寓言故事告诉我们远水解不了近渴，当别人有困难的时候，要诚心诚意尽自己的力量去帮助，绝不能只说大话空话和做不切实际的承诺。要真正解决实际问题，必须有实事求是的精神和脚踏实地的作风。

学习体会

评价内容	评价人	成　绩				
		优秀	良好	中等	及格	不及格
自我学习	自评					
团队学习	组长					
课堂表现	教师					
实战演练	教师					
综　　合	教师					

项目四　逻辑基本规律

【学习目标】

- 了解形式逻辑同一律、矛盾律、排中律和充足理由律的含义。
- 熟悉逻辑基本规律的推理规则。
- 能利用逻辑基本规律的原理解决一些相关逻辑问题。

模块一　自学空间

学习内容：同一律、矛盾律、排中律、充足理由律、逻辑基本规律的推理规则

自学途径：查阅相关书籍或通过相关网络平台学习

自学笔记

自学笔记

模块二　共学天地

案例 4　鲍西亚的肖像

莎士比亚《威尼斯商人》中有这样一个情节：富家少女鲍西娅才貌双全，贵族子弟、公子王孙纷纷向她求婚。鲍西娅按照其父遗嘱，由求婚者猜盒订婚。鲍西娅有金、银、铅三个盒子，分别刻有三句话，其中只有一个盒子里放有鲍西娅肖像。求婚者通过这三句话，猜中鲍西娅的肖像放在哪只盒子里，就可以娶她。三个盒子上刻的三句话分别是：

（1）金盒子："肖像不在此盒中。"

（2）银盒子："肖像在金盒中。"

（3）铅盒子："肖像不在此盒中。"

鲍西娅告诉求婚者，上述三句话中，只有一句是真的。

假定你是一位求婚者，如何尽快猜中鲍西娅的肖像究竟放在哪一个盒子里？

运用逻辑学的基本规律，就能很快解决这一问题。形式逻辑有哪些基本规律？这些规律对我们的逻辑思维有何帮助？下面我们就来共同学习。

逻辑思维的基本规律包括同一律、矛盾律、排中律、充足理由律。逻辑基本规律保证思维和论证过程具有确定性、不矛盾性、明确性和论证性。

知识点一　同一律

同一律指的是在同一思维过程中，每一思想的自身都具有同一性。

同一律的公式："P 是 P"，表示为：在同一思维过程中，每一概念、判断（命题）是确定的，前后要保持一致，不能任意变动。例如这样的推理：群众是真正的英雄，我是群众，所以，我是真正的英雄。这里前后的"群众"不是同一概念，违背了同一律，因此结论是不成立的。

同一律在思维或论证过程中主要在于保证思维的确定性。而只有具有确定性的思维才可能是正确的思维，才能正确地反映客观世界，人们也才能进行思想交流。

如果自觉或不自觉地违反同一律的逻辑要求，就会犯混淆概念或偷换概念、混淆论题或偷换论题的逻辑错误，从而使思维含混不清、不合逻辑，既不能正确地组织思想，也不能正确地表达思想。因此，遵守同一律的逻辑要求乃是正确思维的必要条件。

知识点二　矛盾律

"矛盾"一词源于成语"自相矛盾"，出自《韩非子·难一》：

楚人有鬻盾与矛者，誉之曰："吾盾之坚，物莫能陷也"，又誉其矛曰："吾矛之利，于物莫不陷也。”或曰：“以子之矛陷子之盾，何如?”其人弗能应也。众皆笑之。夫不可陷之盾与无不陷之矛，不可同世而立。

卖矛与盾者之所以无言以对，就是因为根据自己的描述，他陷入了无法回答自己的矛到底能否刺穿自己的盾的两难境地，犯了自相矛盾的逻辑错误。

矛盾律是形式逻辑的基本规律之一。矛盾律说的是：两个互相矛盾或者互为反对关系（参见图2－1）的思维不能同真，其中必有一假（互为矛盾关系时必有一假，必有一真，而互为反对关系式时必有一假，也可以同假）。它通常被表述为P必不非P。因此在思维过程中，对同一对象不能同时做出两个互相矛盾的判断，即不能既肯定它是什么，同时又否定它是什么。换句话说，在任何思维和论辩过程中，思维必须前后一贯，不能自相矛盾。如果违背矛盾律的逻辑要求，那就会犯自相矛盾的逻辑错误。

知识点三　排中律

在同一思维过程中，两个互相矛盾或者直言命题中互为下反对关系（参见图2－1）的思维不能同假，必有一真。通常表述为“要么P要么非P”。排中律要求在同一思维过程中，不能对不能同假的矛盾关系或下反对关系命题同时加以否定，否定一个，必须肯定另一个。

排中律的逻辑要求是：对于两个互相矛盾或下反对关系的思维，必须明确地肯定其中之一是真的，不能对两者同时都加以否定。如果既不承认前者是真的，又不承认后者是真的，或者说，如果既认为前者是假的，又认为后者也是假的，那么就犯“模棱两可”的逻辑错误。

模棱两可是一种常见的违反排中律要求的逻辑错误。所谓模棱两可，就是在两个互相矛盾或互为下反对关系的命题之间，回避做出明确的选择，不作明确肯定的回答，既不肯定，也不否定。

如：“所有的金属是液体”和“有的金属不是液体”，这是两个互为矛盾关系的命题，这两个命题不能同假，必有一个是真的。又如“有的金属是液体”和“有的金属不是液体”互为下反对关系，也是不能同假，必有一真。这就决定人们对两个互相矛盾或应为下反对关系的思维必须承认其中有一个是真的。

矛盾律和排中律既有联系又有区别。两者都要求对于互相对立的思维要做出断定。矛盾律的要点是“不能同真，必有一假”。必有一假，说明至少有一假。而“排中律”的要点是“不能同假，必有一真”，必有一真，说明至少有一真。因此，一般来说，矛盾律是由真推假，排中律是由假推真。具体来说，矛盾律针对的是两个互相矛盾或者互为反对关系的思维，而排中律主要针对两个互相矛盾或互为下反对关系的思维。当只针对两个互为矛盾关系的思维时，矛盾律和排中律并无本质区别，只是思维的角度不同。但当出现两个互为反对关系的思维时，矛盾律中就可能会出现“不能同真，可以同假”的情况；而当出现两个互为下反对关系的思维时，排中律中就可能出现“不能同假，可以同真”的情况。

知识点四　充足理由律

充足理由律是指在同一论证过程中，一个思想被确定为真，要有充分的理由。充足理由律要求在推理或论证过程中前提必须真实，并且从前提能有效推出确定的结论。违反充足理由律，就会导致“虚假理由”或“推不出”的逻辑错误。

小组讨论：学习了相关知识后，你能快速且准确判断出肖像在哪个匣子里吗？分小组对案例4《鲍西亚的肖像》进行分析讨论，并写出你的分析过程。

你的分析：

模块三　实战演练

请你根据逻辑基本规律的相关知识，解决以下问题：

1.“万能”溶液

科学史上曾经有这样一个传说故事：一个年轻人想到大发明家爱迪生的实验室里去工作，爱迪生接见了他。这个年轻人满怀信心地说：

“我想发明一种万能溶液，它可以溶解一切物品。”

爱迪生听罢，惊奇地说：

“那么你想用什么器皿放置这种万能溶液呢？”

年轻人哑口无言。

请问：这个年轻人为什么会被爱迪生问得哑口无言？

解析：

2. 生死阄

从前，有一个国王，他手下有两个大臣，一个忠臣，一个奸臣。奸臣为了独自掌权，总想把忠臣害死。有一天，他在国王面前讲了忠臣很多坏话。国王偏听偏信，决定第二天用抓阄的办法来处理忠臣。具体办法是：命令忠臣从盒子里任意抓一个阄，而盒里只有两个阄，一个写“生”，一个写“死”，抓到“生”就活，抓到“死”就死。

当天夜里，奸臣逼迫着做阄的人把两个阄都写成“死”字。这样，忠臣无论抓到哪个阄都得死。奸臣走了以后，做阄的人就偷偷地给忠臣送了信，告诉他这一情况，请忠臣自己想办法。

请你替忠臣出个主意，在抓阄时，怎样死里逃生（请注意，逃走是不可能的）。

解析：

3. 一段时间以来，这个问题每时每刻都在缠绕着我，而在很忙的时候，我又暂时抛开了这个问题，顾不上去想它了。

以上陈述犯了什么样的逻辑错误？

A. 以偏概全。

B. 模糊概念。

C. 偷换概念。

D. 混淆概念。

E. 自相矛盾。

解析：

4. 田径场上正在进行 1500 米比赛。参加比赛的有 A、B、C、D、E、F 共 6 人。甲、乙、丙三人对谁会取得冠军发表了自己的看法。

甲：冠军不是 A 就是 B。

乙：冠军只能是 C 或 D。

丙：D、E、F 都不可能夺冠。

比赛结束，发现他们三人中只有一人的看法是正确的。

请根据以上陈述，分析谁夺了冠军。

解析：

5. 某高校要从甲、乙、丙、丁四人中选出一人出国深造。有 A、B、C、D 四人猜测究竟谁能选中。

A 说：甲选不中。

B 说：丁能选中。

C 说：丙能选中。

D 说：丁选不中。

结果，只有一人没有猜对。请问被选中出国者是谁？

解析：

6. 谁做对了？

甲、乙、丙三个人在一起做作业，有一道数学题比较难，当他们三个人都把自己的解法说出来以后，甲说："我做错了。"乙说："甲做对了。"丙说："我做错了。"在一旁的丁看到他们的答案并听了他们的意见后说："你们三个人中有一个人做对了，有一个人说对了。"请问，他们三人中到底谁做对了，谁说对了？

解析：

7. 新学期伊始，学校开设了选修课，甲、乙、丙、丁四个同学去选课（他们都选了课），班主任问他们都选了些什么课。

甲说：我们每个人都选了"逻辑思维训练"。

乙说：我只选了一门"创新思维训练"。

丙说：我没选"逻辑思维训练"。

丁说：有些人没选"逻辑思维训练"。

班主任详细了解了一下，发现他们当中只有一个人说了实话。根据以上所述，下列断定正确的是：

A. 所有人都选了"逻辑思维训练"。

B. 所有人都没有选"逻辑思维训练"。

C. 有些人没选"逻辑思维训练"。

D. 乙选了"创新思维训练"。

解析：

8. 对同一事物，有的人说“好”，有的人说“不好”，这两种人之间没有共同语言，可见，不存在全民族通用的共同语言。

这一推理显然是不正确的。以下除哪项外，都与题干推理所犯的错误相似？

A. 甲：“厂里规定，工作时间禁止吸烟。”乙：“当然，可我吸烟时从不工作。”

B. 有的写作教材上讲，写作中应当讲究语言形式的美，我的看法不同。我认为语言就应该朴实，不应该追求那些形式主义的东西。

C. 有意杀人者应该处以死刑。行刑者是有意杀人者，所以行刑者应处以死刑。

D. 象是动物，所以小象是小动物。

E. 这种观点既不属于唯物主义，又不属于唯心主义，我看两者都有点像。

解析：

9. 美国政府出尔反尔，中美之间贸易争端不断升级。与此同时，在美国等一些西方国家的幕后指使下，香港一些市民因香港政府启动“修例”而发生暴力活动。美国国会参议院多数党领袖麦康奈尔发表涉港恶劣言论，为此，在 2019 年 8 月 23 日的例行记者会上，中国外交部发言人耿爽用林肯名言“回敬”美国政客。耿爽具体回答如下：

“美国总统林肯曾经说过，‘你可能在某个时刻欺骗所有人，也可能在所有时刻欺骗某些人，但不可能在所有时刻欺骗所有人’。”

发言人用美国前总统的名言，“回敬”美国政客，有力地回击了美国某些政客的无端指责和挑衅。

如果林肯上述判定为真，则以下哪项必定为假?

A. 林肯可能在某个时刻受骗。

B. 林肯可能在所有时刻不受骗。

C. 不存在某一时刻有人可能不受骗。

D. 存在某一时刻有人可能不受骗。

解析：

第 10 ~ 11 题基于以下题干：

某珠宝店被盗，经过侦查，作案的人就是甲、乙、丙、丁四人中的一人。审讯中四个人的口供如下：

甲：珠宝被盗那一天，我在别的城市，因此我是不可能作案的。

乙：丁就是案犯。

丙：乙是盗窃珠宝的案犯，因为我亲眼看见他出卖过这种珠宝。

丁：乙是有意陷害我。

10. 假定这四个人的口供中，只有一个人讲真话，那么

A. 甲是盗窃珠宝的案犯。

B. 乙是盗窃珠宝的案犯。

C. 丙是盗窃珠宝的案犯。

D. 丁是盗窃珠宝的案犯。

E. 甲、乙、丙、丁都不是盗窃珠宝的案犯。

解析：

11. 假定这四个人的口供中，只有一个人讲的是假话，那么：

A. 甲是盗窃珠宝的案犯。

B. 乙是盗窃珠宝的案犯。

C. 丙是盗窃珠宝的案犯。

D. 丁是盗窃珠宝的案犯。

E. 甲、乙、丙、丁都不是盗窃珠宝的案犯。

解析：

12. （2003 年 MPA 联考题）三班的一次联欢活动有学生没有参加，何捷、小马、丹丹、小珍中有一人没有参加，其他三人都参加了。老师在询问时，他们做了如下回答：

何捷：小马没来。

小马：我不但参加了，而且还表演了节目。

丹丹：我晚来了一会儿，但一直到晚会结束才走。

小珍：如果丹丹来了，那就是我没来。

如果他们中只有一个人说了谎，则以下哪项成立？

A. 何捷没有参加。

B. 小马没有参加。

C. 丹丹没有参加。

D. 小珍没有参加。

E. 不能推出谁没有参加。

解析：

13. 某商店失窃，四人涉嫌并被拘审。经审讯，四人口供如下：

甲：只有乙作案，丙才会作案。

乙：甲和丙两人中至少有一人作案。

丙：乙没作案，作案的是我。

丁：是乙作的案。

经分析，四人中只有一人说假话。由此可以推断出以下哪项成立？

A. 甲说假话，丙作案。

B. 乙说假话，乙作案。

C. 丙说假话，乙作案。

D. 丁说假话，丙作案。

解析：

14. 新生开学的第一次课，李老师做自我介绍时没有透露自己的年龄。甲、乙、丙、丁 4 个同学对其年龄分别做了如下猜测：

甲：她不会超过 25 岁。

乙：她不会超过 30 岁。

丙：她绝对在 35 岁以上。

丁：她在 40 岁以下。

事实上 4 个人中只有 1 个人猜测是正确的。据此，以下判断正确的是：

A. 甲的猜测正确。

B. 乙的猜测正确。

C. 她的年龄不会小于 40 岁。

D. 她的年龄在 35 ~ 40 岁之间。

解析：

15. 期末考试成绩评定统计结果表明，并非所有人的“高等数学”成绩都及格。

如果上述统计的结论是真实的，那么以下哪项也一定为真？

A. 所有人的“高等数学”成绩都不及格。

B. 多数人的“高等数学”成绩都及格。

C. 并非有的人“高等数学”成绩及格。

D. 有的人“高等数学”成绩不及格。

解析：

16. “人多力量大”“众人拾柴火焰高”，这些名言证明了人口的增加是有利于社会发展的。

以下哪项最能说明上述论断的主要缺陷？

A. “人多力量大”肯定了人力资源的作用，是重视人才的表现。

B. 不同的人对社会的贡献是不一样的，应当指明主要增加哪一类人口。

C. 人口越少，消耗的社会资源就越少。

D. 人口越多，带来的社会问题越多。

E. 名言并非真理，不能由名言简单地证明上述结论。

解析：

第 17 ~ 19 题基于以下题干：

某同学患病住院，急需一笔治疗费，由于其家庭困难，同班同学为该同学举行了捐款活动。活动中收到两笔没有署真名的捐款，经过认真查找，可断定是赵、钱、孙、李中的某两个同学捐的。经询问，他们做了如下回答：

赵说：不是我捐的。

钱说：是李捐的。

孙说：是钱捐的。

李说：我肯定没有捐。

根据以上四个同学所说：

17. 假定他们中只有一人说的是真话，你能判断是哪两个同学捐的款吗？

解析：

18. 如果四人中只有一人说的是假话，是哪两个同学捐的款？

解析：

19. 如果四人中恰有两人说真话，有两人说假话，又会是哪两个同学捐的款？

解析：

模块四　故事阅读

故事一　赠汪伦

〔唐〕李　白

李白乘舟将欲行，忽闻岸上踏歌声。

桃花潭水深千尺，不及汪伦送我情。

这是诗仙李白的一首流传千古、脍炙人口的诗，这首诗的背后有一段趣事。

清代大诗人袁枚在《随园诗话》中曾经记载到：唐时汪伦者，泾川豪士也。闻李白将至，修书迓之。诡云：“先生好游乎？此地有十里桃花。先生好饮乎？此地有万家酒店。”李欣然至。乃告云：“桃花者，潭水名也，并无桃花。万家者，店主人姓万也，并无万家酒店。”李大笑。款留数日，赠名马八匹，官锦十端，而亲送之。李感其意，作《桃花潭》绝句一首。

原来“十里桃花”并非有十里的桃花园，而是一地名，“万家酒店”也并非有一万家酒店，而是姓“万”的店主开的酒店店名。汪伦为了能见到名扬天下的大诗人李白，就迎合李白喜酒爱游，故意用具有歧义的“十里桃花”“万家酒店”跟李白开了一个善意的玩笑，以吸引李白的到来，从而结识了李白，造就了一段佳话，也让李白成就了名篇。

在这个故事里，汪伦采用特别的手段结识了大名鼎鼎的诗仙李白。从逻辑学的角度来看，“十里桃花”“万家酒店”是两个有歧义的概念。为了结识李白，汪伦就投其所好，在特定的条件下，善意且故意混淆概念，违反同一律“欺骗了”李白，以激起李白的兴趣，从而达到结交李白的目的。

严格来说，在一般情况下，我们应该遵守同一律，尽量避免违反同一律的逻辑错误。

故事二　韩复榘演讲

韩复榘（1891.1.25—1938.1.24），中华民国军事将领，冯玉祥手下的“十三太保”之一。有关其演讲的轶事流传甚广，令人捧腹：

一次，韩复榘挺胸凸肚出现在齐鲁大学校庆演讲台上。未开口倒也威风凛凛，大有学界泰斗之状；口一张，信口雌黄，搞得满座师生哗然：

“诸位，各位，在齐位：

今天是什么天气？今天是演讲的天气。开会的人来齐了没有？看样子大概有个五分之八啦，没来的举手吧！很好，都到齐了。你们来得很茂盛，敝人也实在很感冒。……今天兄弟召集大家，来训一训，兄弟有说得不对的地方，大家应该互相谅解，因为兄弟和大家比不了。你们是文化人，都是大学生、中学生和留洋生，你们这些乌合之众是学科学的，学化学的，都懂七八国的英文，兄弟我是大老粗，连中国的英文也不懂。……你们是笔筒里爬出来的，兄弟我是炮筒里钻出来的，今天到这里讲话，真使我蓬荜生辉，感恩戴德。其实我没有资格给你们讲话，讲起来嘛就像……就像……对了，就像对牛弹琴。”

正当大家哭笑不得之时，他又提示性地交代：

“今天不准备多讲，先讲三个纲目。蒋委员长的新生活运动，兄弟我双手赞成，就是一条，‘行人靠右走’着实不妥，实在太糊涂了，大家想想，行人都靠右走，那左边留给谁呢？”

“还有件事，兄弟我想不通：外国人都在北京的东交民巷建了大使馆，就缺我们中国的。我们中国为什么不在那儿也建个大使馆？说来说去，中国人真是太软弱了！”

第三个纲目讲他的进校所见，就学生的篮球赛，痛斥总务处长道：

“要不是你贪污了，那学校为什么这样穷酸？十来个人穿着裤衩抢一个球像什么样子，多不雅观！明天到我公馆再领笔钱，多买几个球，一人发一个，省得再你争我抢。”

“三个纲目”讲完，韩主席扬长而去，但不知“靠左走”是否能找到他的官邸。

故事或许有杜撰的成分，也有可能是韩复榘有意而为。整个演讲充满了无知，到处词不达意，不知所云，思维混乱，自相矛盾，不合逻辑，既让人捧腹，又令人啼笑皆非，是逻辑混乱的演讲典型。

模块五　课后反思

学习体会

评价内容	评价人	成　绩				
		优秀	良好	中等	及格	不及格
自我学习	自评					
团队学习	组长					
课堂表现	教师					
实战演练	教师					
综　合	教师					

主要参考文献

[1] 陈伟．逻辑思维训练［M］．北京：北京大学出版社，2006.

[2] 陈波．逻辑学十五讲［M］.2 版．北京：北京大学出版社，2016.

[3] 明道．图解逻辑学：一本好看、好玩、好懂的逻辑学［M］．北京：中国华侨出版社，2018.

[4] 陈安．逻辑思考力［M］．北京：中国国际广播出版社，2018.

[5] 杨建峰．逻辑思维训练 1200 题［M］．南昌：江西教育出版社，2014.

[6] 温儒敏．语文七年级上、下册［M］．北京：人民教育出版社，2018.

[7] MPA 联考考试研究中心.2006 年公共管理硕士（MPA）专业学位联考真题精解及标准化题库逻辑分册［M］．北京：中国人民大学出版社，2016.

[8] 杨武金，沈玉梅.MPA 联考高分突破逻辑分册［M］．北京：中国人民大学出版社.

[9] 逻辑案例分析．［DB/OL］.http//wenku. baidu. com/view/c4c2d0cda1c7aa00b52 acbc5. html.

[10] 假言判断及其推理．［DB/OL］.http//wenku. baidu. com/view/35ded19b70fe910ef12d2af90242a8956becaa81. html.

[11] 2016 国考行测备考：类比推理论证解题思路．［DB/OL］.http：//www. offcn. com/xingce/2015/1127/4022. html.

[12] 庄子借粮的故事．［DB/OL］.https：//new. qq. com/omn/20180811/20180811B071K2. html.

[13] 归纳推理案例．［DB/OL］.https：//wenku. baidu. com/view/a3719a6e27d3240c8447ef15. html.

[14] 韩复榘．［DB/OL］.https：//baike. baidu. com/item/韩复榘.

[15] 阿方斯·贝蒂荣．［DB/OL］.https：//baike. baidu. com/item/阿方斯·贝蒂荣.